LIDERANÇA CRISTÃ:

PRINCÍPIOS BÍBLICOS NA PRÁTICA

RICHARD EVERSON DE OLIVEIRA (ED.)

Plano, TX
2024

**Publisher's Cataloging-in-Publication Data provided by Five Rainbows
Cataloging Services**

Names: Oliveira, Richard Everson de, editor.

Title: Liderança Cristã : princípios bíblicos na prática / Richard Everson de Oliveira.
Description: Plano, TX : Klisia, 2024. | In Portuguese.

Identifiers: ISBN 978-1-961349-05-6 (paperback) ISBN 978-1-961349-04-9 (ebook)

Subjects: LCSH: Christian leadership. | Leadership. | Church group work. | Church work.
| Pastoral care. | Portuguese language materials. | BISAC: RELIGION / Christian Ministry
/ General. | RELIGION / Christian Church / General. | RELIGION / Christian Living /
Leadership & Mentoring.

Classification: LCC BV652.1 .O45 2024 (print) | LCC BV652.1 (ebook) | DDC
253--dc23.

Versão digital gratuita disponível em:
https://doi.org/10.59385/klisia.5

SUMÁRIO

PREFÁCIO

Quase todo mundo aprecia um bom líder. Eles podem tornar um trabalho mais gratificante, produtivo e até mais fácil para os obreiros. Eles podem ajudar outros jogadores em uma equipe a trabalharem juntos para alcançar o máximo de esforço e ganhar jogos. Mesmo para uma família ou entre vizinhos, são pessoas que vão unir os outros e ajudar a construir relacionamentos positivos.

Líderes maus, por outro lado, têm o efeito contrário. Um emprego se torna apenas um salário. Você só aparece porque quer comer e pagar as suas contas! O jogo, que você normalmente gosta, se torna um fardo. Há mais brigas do que incentivos entre os companheiros de equipe. Quando um líder péssimo o convida para uma reunião, você imediatamente começa a pensar em desculpas para não aparecer. Um bom líder deixa uma marca duradoura e positiva em nossas vidas. Mas sabemos que os maus líderes deixam cicatrizes dolorosas em nós.

A sociedade brasileira, como a maioria das outras ao redor do mundo, sofre com a falta de bons líderes. Isso vale não só para o país como um todo, mas também para a igreja brasileira. Podemos louvar ao Senhor pelo despertar contínuo que ele trouxe ao nosso país. Ao longo das décadas anteriores, dezenas de milhões de pessoas começaram um relacionamento vital com Deus através dos méritos de Jesus Cristo!

Infelizmente, centenas de milhares deles agora se descrevem como "ex-crentes". Em muitos casos, ainda confessam que Jesus é seu Salvador, mas o que eles querem dizer é que desistiram da igreja. Na grande maioria desses casos, foi um líder cristão que os decepcionou. As maneiras pelas quais isso acontece são numerosas demais para contar. Mas bem-aventurado é o crente que não foi afetado por um desses maus exemplos.

A boa notícia é que Deus sabe que precisamos de bons líderes. Mesmo muitos não cristãos reconhecerão que o próprio Jesus Cristo foi um grande líder. Seja Moisés ou Davi, Daniel ou Neemias, Pedro ou Paulo, vemos muitos exemplos positivos de líderes tanto no Antigo quanto no Novo Testamento. Até mesmo os exemplos de maus líderes são apresentados como estudos de caso do que se deve evitar.

Além disso, os princípios para uma liderança eficaz estão embutidos no DNA da maturidade cristã (veja Marcos 10.42-44), e nos são fornecidas várias listas de qualificações para o tipo de líder que Deus procura na Igreja (ex. 1Timóteo 3.1-7; 1Pedro 5.1-4 etc.). Isso vale para líderes em casa, no trabalho e em outros lugares (ex. Efésios 5.22 – 6.4 etc.).

Este livro foi preparado para nos ajudar a ver como os princípios e exemplos de liderança piedosa podem ser aplicados em nosso contexto atual. Os próprios escritores são líderes experientes e piedosos, e representam uma enorme diversidade de contextos. Os desafios especiais que eles enfrentaram variam muito entre um autor e outro. Alguns serviram como líderes por várias décadas. Outros, apenas há alguns anos, mas, mesmo assim, podem fornecer uma visão especial sobre os desafios enfrentados por jovens líderes.

Essa diversidade de experiências de vida contrasta com o compromisso comum que esses autores compartilham: a Bíblia é um guia confiável para toda boa obra (2Timóteo 3.16-17). Muitos livros sobre liderança, incluindo alguns de autores cristãos conhecidos, se concentram nas lições aprendidas por meio de suas próprias experiências. Embora isso tenha o seu valor, a base apresentada neste livro é diferente. O pressuposto é que o próprio Deus sabe mais sobre boa liderança, certamente mais do que qualquer um de nós.

Se um líder seguir os princípios que Deus revelou em sua Palavra, ele terá uma chance muito maior de sucesso. Isso pode não apenas ajudar um líder a desenvolver estratégias para realizar projetos e fazer com que as pessoas trabalhem juntas, mas também pode fornecer uma perspectiva essencial sobre o que realmente importa. Em outras palavras: quais são os reais objetivos que um líder deve almejar? De pouco adianta levar as pessoas por um determinado caminho, se o líder está na direção errada. O estudo cuidadoso da Palavra de Deus, que ficará evidente em cada um desses capítulos, poderá auxiliar o leitor no seu desafio de liderar pessoas para os propósitos de Senhor!

Em última análise, a esperança é que este livro forneça orientação e encorajamento para que os líderes, em uma variedade de ministérios, se tornem e ajam como os líderes com os quais o próprio Deus mesmo estaria satisfeito. As muitas crises que enfrentamos em nosso mundo atual não são novidade, mas a questão é se homens e mulheres responderão ao chamado de nosso Senhor Jesus para servir como líderes para outras pessoas durante esta geração.

No mínimo, a exibição do caráter piedoso durante tempos sombrios pode servir como um testemunho que exalta aquele que torna o caráter possível. Mas, podemos esperar que essa geração de líderes piedosos também faça a diferença, promovendo o tipo de boas obras, dentro e fora da própria igreja, que trazem glória a Deus (Mateus 5.16).

Ao nosso Deus, seja toda a glória!

Kevin Bradford
Pastor de Missões na Wildwood Community Church — EUA
Professor Adjunto do Seminário Teológico de Dallas
Fundador do Movimento Perspectivas no Brasil

COLABORADORES

Adilson da Silva Cruz é casado com Edijane e pai de Estêvão e Catarina. Serve como parte da equipe ministerial da Primeira Igreja Batista em Atibaia desde 2009, atuando especificamente no pastoreio de uma congregação e na direção do curso (O Pastor Líder). Bacharel em Educação Física pela Universidade São Francisco (2012), Mestrado em Divindade pela Escola de Pastores da Primeira Igreja Batista de Atibaia (2016).

Carlos Alberto dos Santos Bacoccina é casado com Fernanda e pai do Guilherme e Giovana. Serve como pastor da Igreja Batista Regular em Jardim Tremembé desde 2007. Também atua como professor e capelão na Faculdade Batista Logos, capelão e docente no Colégio Betel Brasileiro. Participa do corpo docente da Associação Brasileira de Conselheiros Bíblicos (ABCB) e ministra cursos sobre aconselhamento bíblico. Organizador e conselheiro na Clínica de Aconselhamento e Discipulado (CAD) em sua igreja local. Bacharel em teologia pelo Seminário Batista Regular de São Paulo (SEBARSP) e Faculdade Kurios (CE). Mestre em Ciências da Religião pela Universidade Metodista de São Paulo (UMESP–2016).

Filipe Soares é casado com Debora e pai de Nicolas e Leonardo. Serve como pastor na Igreja Batista Regular no Rio Pequeno (São Paulo/SP) desde 2010 e como diretor/professor de música sacra e adoração no Seminário Batista Logos (São Paulo/SP) desde 2013. Bacharel em Teologia pelo Seminário Batista Esperança (2003) e Música pela FAAM (2008). Licenciado em História pelo SEBI (2017). Pós-graduado em Ensino superior pelo SEBI (2018), em psicanálise pela FAVENI (2016), e em exposição bíblica pelo Seminário Batista Logos (2021). Mestrado em Ministério pelo Seminário Bíblico Palavra da Vida (2016).

Francisco Wellington Estrela dos Santos é casado com Flávia Menezes e pai de Ana Isabelle, Ana Elisa e Ana Manuela. Serve como pastor titular da Igreja Cristã Evangélica no Vingt Rosado em Mossoró – RN. Bacharel em Teologia pela Faculdade Kurios–FAK (2012). Licenciado em Pedagogia e Filosofia pela Faculdade Evangélica do Meio Norte–FA-EME (2013). Especialista em pregação expositiva pelo Ministério Prega a Palavra (2018). Mestre em Aconselhamento Bíblico pelo Seminário e Instituto Bíblico Maranata–SIBIMA (2020). Certificado como conselheiro pela Associação Brasileira de Conselheiros Bíblicos–ABCB (2019).

Lisânias Moura é casado com Teca Moura e pai do Daniel e Rafael. Serviu como professor e diretor interino no Seminário Bíblico Palavra da Vida em Atibaia-SP. Serve como pastor na Igreja Batista do Morumbi em São Paulo desde 1993, e por vinte anos tem sido o pastor líder da igreja sendo o responsável pelo púlpito e a visão da igreja. Além do ministério pastoral, Lisânias é preletor e escritor, tendo publicado três livros. Bacharel em Teologia pelo Seminário Bíblico Palavra da Vida (1974). Mestrado em Teologia pelo Dallas Theological Seminary (1988).

Richard Everson de Oliveira é casado com Yohanna e pai de Ruth e Nathan. Serviu como pastor por sete anos em sua igreja de origem em Atibaia-SP (1998-2004). Desde 2005, está envolvido em ministérios voltados para a educação teológica e treinamento de líderes como professor e diretor no Instituto Missionário Palavra da Vida em Belém do Pará (2005-2019), no Instituto Bíblico na Hungria (2020-2023) e é professor-adjunto no Dallas Theological Seminary. Bacharelado em Teologia pelo Seminário Bíblico Palavra da Vida (1998) e Faculdade Teológica Batista Equatorial (2018). Mestrado em Divindade pela Faculdade Teológica Sul Americana (2006). Doutorado em Ministério pelo Dallas Theological Seminary (2016).

Ronnie Petterson Evaristo dos Santos é casado com Hosineide. Serviu como pastor na Igreja Evangélica Congregacional de Limoeiro do Norte-CE (2004-2019). Em janeiro de 2020 assumiu a coordenação do Mestrado em Aconselhamento Bíblico do SIBIMA (Seminário e Instituto Bíblico Maranata), em Fortaleza-CE e em 2021 passou a exercer a mesma função no Seminário Batista Regular Logos-SP. Professor e palestrante da ABCB (Associação Brasileira de Conselheiros Bíblicos do Brasil). Atualmente serve como pastor na Igreja Cristã Evangélica Resgate de Limoeiro do Norte. Bacharel em Teologia pelo Seminário Teológico Batista do Ceará (2012). Mestrado pelo SIBIMA (Seminário e Instituto Bíblico Maranata) (2020).

Sidney Machado é casado com Marci e pai do Davi, Daniel e Melina. Pastor há 27 anos. Atualmente serve como Reitor do Seminário Bíblico Palavra da Vida em Atibaia (SBPV) -SP. Bacharel em Teologia (SBPV). Mestrado em Teologia (FTBSP).

Thiago Moreira é casado com Celina Moreira e pai dos gêmeos Timóteo e Daniela. Serve como pastor da Igreja Batista Regular em Jardim Tremembé-SP. Também atua como professor da Associação Brasileira de Conselheiros Bíblicos (ABCB) e na Faculdade Batista Logos, da qual também é diretor de cursos. Autor do livro "Construindo uma Igreja Acolhedora". Bacharel em Farmácia e Bioquímica pela UnG (2006). Bacharel em Teologia pelo Seminário Batista Logos (2011). Pós-graduado em Aconselhamento pela FTBSP, Mestre em Ministério pelo Seminário Batista Logos. Mestre em Ciências da Religião pela Universidade Metodista de São Paulo.

INTRODUÇÃO:
O QUE É LIDERANÇA?

Richard Everson de Oliveira

Caro leitor, em suas próprias palavras, como você definiria liderança? A proposta mais comum é definir liderança como influência. Se influenciamos alguém ou um grupo, exercemos liderança. Essa é a proposta de John Maxwell, uma espécie de "guru" quando o assunto é liderança. Em suas palavras, liderança é "... *influência, nada mais, nada menos*". Porém, que tipo de influência deve caracterizar a liderança cristã? Como podemos influenciar? Precisamos explorar isso com mais detalhes.

Proponho a seguinte definição para liderança: "*A liderança cristã é o esforço intencional para exercer influência, na dependência de Cristo, envisionando, envolvendo, equipando e encorajando pessoas, através do próprio exemplo, para cumprir os propósitos de Deus*".

Vamos refletir sobre cada aspecto dessa definição.

1. Liderança cristã é o esforço intencional para exercer influência... para cumprir os propósitos de Deus.

O assunto sobre liderança é muito discutido no mundo secular, mas nós estamos preocupados em entender esse assunto sob a perspectiva de Deus.

A liderança é cristã quando o Senhor Jesus é o modelo de líder que queremos seguir e os propósitos dele são o alvo final para a liderança que pretendemos exercer.

Sabemos que há falsas motivações para alguém almejar a liderança: poder, prestígio, posição, privilégios, dinheiro, culpa, temor de homens, apenas para citar alguns exemplos. Até mesmo os primeiros discípulos do Senhor Jesus se deixaram levar por algumas dessas falsas motivações.

Alguém poderia pensar que os discípulos eram todos perfeitos, e imaginar Pedro, Tiago e João, como também todos os demais, cantando aleluia o dia todo, sempre sorridentes e obedientes. Quando lemos os evangelhos, não encontramos pessoas tão diferentes de nós. Descobrimos, por exemplo, que eles brigavam entre si para saber quem era o melhor, ou o mais importante entre eles. Constantemente disputavam as melhores posições e privilégios (cf. Mt. 18.1; Lc. 9.46; 22.24).

No decorrer do ministério do Senhor Jesus, percebemos que aos poucos Ele preparou seus discípulos para o momento mais importante da sua vinda a este mundo: *"... morrer na cruz pelos pecados e ressuscitar ao terceiro dia"* (Mc. 9.30-31)[1]. Mas os discípulos não entendiam isso (v.32). Talvez eles cultivassem uma teimosia intencional para não entender. Além disso, eles tinham medo de tirar as dúvidas, talvez por causa da repreensão que Pedro havia recebido de Jesus em dado momento (Mc. 8.33).

Durante todo esse processo vemos os discípulos preocupados com os seus próprios interesses. Lemos assim no Evangelho segundo Marcos 9.33-34: *"E chegaram a Cafarnaum. Quando ele estava em casa, perguntou-lhes: 'O que vocês estavam discutindo no caminho?' Mas eles guardaram silêncio, porque no caminho haviam discutido sobre quem era o maior"*.

Tristemente os discípulos discutiam para saber quem era o mais importante. Podemos imaginar cada um defendendo as suas razões para se considerar melhor do que os outros. O Senhor Jesus, procurando ajudá-los a perceber a própria imaturidade, pergunta sobre a pauta de discussão. A resposta é o silêncio que denuncia. Jesus está se preparando para o sofrimento e morte, mas os discípulos estão pensando na oportunidade de participar da glória do Messias e receber promoção pessoal. Eles se contentam com argumentos egoístas e imaturos.

---

[1] Exceto por alguma outra indicação, os textos bíblicos utilizados neste capítulo são da Nova Versão Internacional.

Como Jesus estava indo para Jerusalém, a expectativa dos discípulos era que lá Ele fosse consagrado Rei. Então, os discípulos discutiram sobre a distribuição dos melhores cargos. Abertamente, Jesus fala sobre sofrimento e morte, mas os discípulos discutem para saber quem, entre eles, seria o mais importante.

Os discípulos estavam com medo de serem repreendidos por Jesus, pois a questão sobre quem seria o mais importante era uma discussão completamente inapropriada. Podemos reagir rapidamente e criticar a atitude deles dizendo "Que vergonha!", mas seria diferente hoje, ao considerar o contexto das nossas igrejas, instituições e ministérios?

Em outra ocasião, dois discípulos (Tiago e João) foram ainda mais longe e tiveram a audácia de tentar negociar cargos importantes com Jesus. Na verdade, segundo a narrativa de Mateus, a própria mãe deles participou do "pedido indecente" (Mt. 20.20-21). Eles se aproximaram de Jesus e descaradamente pediram: *"Permite que, na tua glória, nos assentemos um à tua direita e o outro à tua esquerda"* (Mc. 10.37).

Ao observar o contexto, percebemos que Jesus novamente acabara de falar sobre o seu sofrimento, morte e ressurreição (Mc. 10.33-34), mas os discípulos ainda estavam preocupados com glória e privilégios.

O que eles pediram foi a oportunidade de estar um à direita e outro à esquerda na glória de Jesus, demonstrando uma ambição para uma posição privilegiada. No costume judaico, o lugar de maior honra era no centro da companhia, seguido pelas mãos direita e esquerda, respectivamente.

Jesus reagiu dizendo que eles não sabiam o que estavam pedindo e que as melhores posições pertenciam àqueles para quem foram preparados. Então, Jesus lhes perguntou: *"Vocês podem beber o cálice que eu bebo ou ser batizados com o batismo com que eu sou batizado?"* (Mc. 10.38). Como eles não tinham uma compreensão clara sobre o que Jesus estava falando, apressaram em responder dizendo: "Podemos!" (v.39). Talvez quisessem dizer que estavam prontos para lutar ao lado de Jesus como o Messias libertador. Entretanto, as palavras "cálice" e "batismo" se referem ao julgamento e sofrimento que o próprio Jesus enfrentaria (Lc. 22.42).

Jesus confirma que eles beberiam do cálice e passariam pelo batismo, mas como somente ele poderia suportar o julgamento divino de forma substitutiva por causa dos pecados de muitos (v. 45), o sofrimento dos discípulos seria para a própria purificação deles e para a glória de Deus (Mc. 8.34-38; 1Pe. 4.13). É interessante notar que Tiago foi o primeiro dos doze a morrer por causa de seu testemunho (At. 12.1-2), e João foi exilado na ilha de Patmos (Ap. 1.9).

O desejo de posição e privilégio não dominava apenas os pensamentos de Tiago e João. Os demais discípulos, ao saberem disso, ficaram indignados com os dois (Mc. 10.41). Infelizmente, não por causa da estupidez do pedido dos irmãos (e da mãe deles), presumindo que eles poderiam ser tratados de forma especial por Jesus, mas porque eles também pensavam que mereciam tais posições de proeminência. Na verdade, eles estavam tomados de ciúmes e raiva contra Tiago e João. Talvez podemos imaginar eles fazendo o seguinte comentário: "Quem eles pensam que são? Acham que são melhores do que nós? ". Certamente eles queriam a mesma posição. Tristemente, a postura dos discípulos normalmente é demonstrada entre nós. Nós temos a tendência de achar que somos melhores do que os outros, e merecemos mais privilégios. Como devemos lidar com isso?

Lemos assim em Mc. 10.42: *"Jesus os chamou e disse: "Vocês sabem que aqueles que são considerados governantes das nações as dominam, e as pessoas importantes exercem poder sobre elas".*

Jesus queria ajudar os discípulos a perceberem que o entendimento deles sobre liderança era maligno e mundano, conforme o reino deste mundo. Os governantes das nações e as pessoas importantes dominam e exercem poder para o seus próprios benefícios e interesses. Tais líderes exploram para o seu próprio enriquecimento. Porém, não é assim que funciona no Reino de Deus. A proposta de Jesus é totalmente outra: *"Não será assim entre vocês. Ao contrário, quem quiser tornar-se importante entre vocês deverá ser servo; e quem quiser ser o primeiro deverá ser escravo de todos"* (Mc. 10.43-44).

Os discípulos queriam ser importantes e os primeiros, e pensavam que a maneira para se obter tal privilégio fosse através da briga, do debate, das disputas e negociatas. Observe que o Senhor Jesus não confrontou o desejo de ser importante, mas demonstrou como isso funciona no seu reino. Ele utiliza duas palavras que consideramos muito antipáticas e inadequadas para a nossa sociedade: *servo* (διάκονος) e *escravo* (δοῦλος). Quem quer esse tipo de reputação? Você já viu a promoção de um curso com a seguinte proposta: "Venha aprender a ser servo e escravo"? Servo é a pessoa que trabalha a serviço de outra, e escravo é aquele que não tem direitos sobre a própria vida, mas está a serviço do seu mestre.

A proposta de Jesus é totalmente contrária à proposta promovida na nossa sociedade que confunde liderança como uma oportunidade para ser importante, estar por cima, dar as ordens, ser servido e desfrutar de privilégios visando os seus próprios interesses. A proposta do Senhor aponta para o caminho da humildade e do serviço. A sua liderança será cristã quando esta perspectiva dominar as suas atitudes e ações como líder. Você não será o líder que apenas serve, como muito é propagado, mas sim o servo e o escravo que lidera. Há tempos observamos a popularidade do conceito líder-servo, mas corremos o perigo de uma abordagem superficial, pois é possível o líder ainda se enxergar como alguém muito importante, embora possa se esforçar para dar algumas demonstrações de "serviço" aos seus liderados. O líder, conforme a perspectiva de Jesus, assume a sua identidade como servo e escravo a serviço Dele, e de seus propósitos, sem ter qualquer expectativa de retorno pessoal.

Além disso, a liderança será cristã quando for exercida para atender aos propósitos de Deus e não aos próprios interesses. Observe o exemplo do Senhor Jesus: *"Pois nem mesmo o Filho do homem veio para ser servido, mas para servir e dar a sua vida em resgate por muitos"* (Mc. 10.45). O Senhor Jesus, como Filho do homem,[2] merecia receber glória e ser servido durante o seu tempo neste mundo, mas veio como Deus-Homem

---

2 "A combinação do motivo da glória escatológica com o do sofrimento e da morte é o que caracteriza a ideia do Filho do Homem no Evangelho de Marcos e em outros lugares dos Sinóticos". Walter W. Wessel, Mark, in *The Expositor's Bible Commentary: Matthew, Mark, Luke*, ed. Frank E. Gaebelein, vol. 8 (Grand Rapids, MI: Zondervan Publishing House, 1984), 695.

para servir e se sacrificar em favor de muitos. Ele veio para cumprir a missão delegada pelo Pai, sendo obediente até a morte e morte de cruz (Fp. 2.6-11).

Se vamos liderar de acordo com a perspectiva de Deus, devemos seguir o ensino e o exemplo do Senhor Jesus. Liderança não é um cargo para dominar as pessoas visando os próprios interesses e promoção, mas uma responsabilidade para servir as pessoas como escravo, tendo a total preocupação em cumprir os propósitos de Deus para o seu ministério como líder (1Co. 4.1-5; 1Pe. 5.1-4).

2. Liderança é o *esforço intencional* *em exercer influência*

Liderança exige iniciativa. É um esforço intencional.

Há disposição envolvida no ministério da liderança na obra de Deus. Não há espaço para a indiferença e passividade. É uma convicção que o Senhor quer usar você para fazer a obra Dele em você e por meio de você através da sua liderança.

Há um esforço a se fazer, e se necessário, um preço a se pagar. Ao liderar de maneira cristã, você não estará livre das dificuldades, sofrimentos, injustiças, críticas, cobranças e até a morte. Lembre-se do exemplo dos profetas, dos apóstolos e de tantos outros na história.

Como líder, você vai se esforçar intencionalmente para influenciar pessoas e circunstâncias, não na sua própria força e estratégia, mas na dependência do Senhor.

3. Dependência de Cristo

O Senhor deixou claro que sem Ele não é possível fazer a obra de Deus (Jo. 15.5). Observe que Ele não disse que não poderíamos fazer as coisas que consideramos difíceis. Ele afirmou categoricamente: "...sem mim vocês não podem fazer coisa alguma".

Portanto, o líder cristão está totalmente consciente da dependência de Deus. Bill Lawrence acertadamente afirma que o líder "... deve fazer o que não pode fazer com o que não tem para o resto da sua vida".[3] Você não está adequado para servir como líder na obra de Deus. É algo impossível na força humana. Você não tem os recursos, o conhecimento, as habilidades para descartar a dependência de Deus para servir a Ele, ao povo Deus, para os propósitos Dele! Como Paulo bem disse: "nós somos cooperadores de Deus..." (1Co. 3.9). A igreja de Corinto era lavoura e edifício de Deus. Pedro, Paulo ou Apolo eram apenas servos e cooperadores com Deus.

4. Envisionando pessoas

Liderança implica em liderar pessoas e não projetos. O líder cristão não é gerente ou administrador, mas alguém que Deus capacita para cuidar e guiar as pessoas, enquanto juntos procuram cumprir os propósitos de Deus.

Um dos aspectos do exercício da liderança é envisionar, cujo significado básico é comunicar uma visão. Nas palavras de Josué Campanhã, "envisionar significa criar o retrato mental do futuro ou vislumbrar um futuro brilhante".[4] O líder cristão, porque depende de Deus, procura discernir a visão divina para o futuro. Deus já revelou o "grande quadro" do futuro, que nos enche de expectativa e esperança. Um dia o Senhor reunirá em sua presença todos os povos, línguas e nações, restaurará todas as coisas com novos céus e nova terra, e reinará para sempre (Isaías 65.17-18; Ap. 7.9-11; 21.1). Porém, em relação ao ministério específico em que você está envolvido como líder, além das orientações reveladas nas Escrituras, você precisa enxergar um pouco mais à frente, nem que seja o próximo passo, providenciando direção para os seus liderados. Isso traz algumas implicações.

Você não pode estar tão ocupado, "apagando fogo" para todo lado, atendendo à todas as coisas "urgentes", gerenciando situações e problemas a ponto de não ter tempo e energia para refletir sobre a realidade

---

3 Lawrence, Bill. *Developing the Leader's Heart: How Jesus Shaped 12 Men in 3 Years to Change the World.*
4 https://josuecampanha.com/. Acessado em 29 de julho de 2023.

atual e futura. Você precisa de tempo para orar, ouvir as pessoas, estudar as Escrituras, estudar o passado (o que a história pode nos ensinar?), o presente (o que está acontecendo hoje?) e o futuro (quais são as tendências para o amanhã?), obtendo assim informação e inspiração que sejam relevantes para o seu ministério. Esse esforço ajuda você a imaginar como pode ser o futuro preferível para o ministério em que está envolvido, e melhor se preparar para isso.

Envisionar envolve promover avaliações, planejamentos, discussões em grupo, e muita, muita oração individual e coletiva, buscando com sinceridade e fé discernir a direção de Deus para as pessoas e os projetos nos quais você está envolvido. Observe que foi no contexto de culto, oração e jejum que a liderança da igreja em Antioquia discerniu a direção de Deus para Paulo e Barnabé, promovendo o avanço da pregação do evangelho em tantos lugares (At. 13.1-5).

5. Envolvendo pessoas

Como líder cristão, você precisa envolver as pessoas em sua vida e ministério. Você não possui todo o conhecimento, as habilidades e as possibilidades para alcançar os propósitos de Deus. Por isso, você deve se cercar de pessoas que podem complementar as suas fraquezas e contribuir com aquilo que Deus mandou você fazer.

Observe que é envolver e não explorar as pessoas. Infelizmente sabemos que há líderes que abusam da autoridade e poder e usam as pessoas, explorando o conhecimento, o tempo, a energia e os seus recursos visando seus próprios interesses. Já vimos que o Senhor não é indiferente a isso e rejeita totalmente essa postura.

Como líder, você deve envolver as pessoas naquilo que o Senhor está confiando a você, porque você precisa delas. O apóstolo Paulo, por exemplo, procurou trazer muitas pessoas para perto que poderiam ajudá-lo no avanço do ministério. Em suas cartas, ele mencionou cerca de

30 homens e mulheres pelo nome.[5] Alguns exemplos: Evódia e Síntique (Fp. 4.2); Sóstenes (1Co. 1.1), Tíquico (Ef. 6.21; Cl. 4.7), Silvano (1Ts. 1.1), Tito (2Co. 7.6, 13-15; 8.17; Tt.) e Onésimo (Fl.). Dentre eles, sem dúvida alguma, Timóteo é o maior destaque (2Co. 1.1; Fp. 1.1, 2.19-22; Cl. 1.1; 1Ts. 1.1; 1 e 2 Tm.). Sem dúvida, Paulo entendia a necessidade de envolver pessoas em sua liderança, lutando "ombro a ombro" pela causa do Evangelho.

Enquanto procuramos envolver alguém no exercício da nossa liderança, precisamos conhecer sua personalidade, sua história de vida, seus dons espirituais, seus talentos e habilidades, suas forças e fraquezas, sonhos ministeriais etc. Conhecer bem as pessoas ajudará a extrair o melhor que elas poderão ser e fazer para cumprir os propósitos de Deus. Você terá melhores condições para envolver essas pessoas em várias oportunidades e necessidades do ministério.

Envolver as pessoas ajudará o líder a delegar autoridade com responsabilidade. Quanto mais centralizarmos nossas ações em nós mesmos, menos conseguiremos realizar. Nossa capacidade e nossos recursos são muito limitados. Portanto, a multiplicação e o avanço do que estamos fazendo dependem do envolvimento de mais pessoas naquilo que Deus quer fazer através de nós.

Como envolver as pessoas? É necessário cultivar relacionamentos íntegros e duradouros. Lideramos pessoas e não projetos. Lidamos com pessoas e não apenas com papéis. Precisamos investir tempo conversando com elas para conhecê-las melhor. Precisamos fazer boas perguntas e ouvir com atenção.

As gerações mais jovens (Millennials, Geração Z) certamente desejam maior participação na construção dos projetos em que estão envolvidos. Eles querem ter voz e vez para partilhar seus insights e sonhos trazendo a sua contribuição pessoal. Líderes de outras gerações poderão correr o risco de perder uma valiosa contribuição no seu ministério se negligenciarem os *imputs* das gerações mais novas. Uma equipe intergeracional é

---

5 Dennis McCallum e Jessica Lowery, *Organic Discipleship: Mentoring Others into Spiritual Maturity and Leadership* (Houston, TX: Touch Publications, 2006), 27.

estratégica para o aproveitamento das experiências e conhecimentos que a diversidade de gerações pode trazer para alcançar os propósitos de Deus em um determinado ministério.

6. Equipando pessoas

Um perigo da liderança é a expectativa de que os liderados sejam ou façam aquilo para o qual ainda não estão preparados. Uma das funções da liderança é oferecer constante oportunidades para equipar as pessoas para melhor desempenharem suas funções. Paulo traz esse princípio ao dizer que uma das funções básicas da liderança da igreja é "preparar os santos para a obra do ministério" (Ef. 4.11-12).

Como o líder, você procurará envolver ao máximo as pessoas, tendo assim mais condições para identificar as áreas do caráter ou da competência que os liderados precisam adquirir ou aperfeiçoar ainda mais. O que os liderados precisam aprender ou melhorar para serem mais semelhantes a Cristo? Que ferramentas precisam adquirir para desenvolver seus potenciais e capacidades? Que tipo de orientação, conhecimento e treinamento são necessários para que eles façam mais e melhor para Deus? Quais atitudes e ações os liderados precisam adotar para melhor trabalhar em equipe? As pessoas precisam ser equipadas constantemente.

Como líder, você e sua equipe são responsáveis por pensar e planejar o desenvolvimento constante dos liderados, promovendo conversas intencionais de avaliação e planejamento, cursos, experiências etc. Obviamente, você não tem em si mesmo todo o conhecimento e as habilidades necessárias para treinar as pessoas, por isso você precisará engajar outras pessoas (interna ou externamente) à sua instituição, que possam contribuir para equipar seus liderados.

7. Encorajando pessoas

O líder lidera pessoas e não máquinas. As pessoas são complexas. Todo o seu ser está interconectado: aspectos físicos, emocionais e espirituais. Todos os aspectos da vida estão conectados: família, trabalho, relacionamentos, cultura, etc. Portanto, as pessoas que você lidera precisam de cuidados em todos esses aspectos.

Como você sabe, os seus liderados ficam desanimados e desmotivados, pensam em desistir, fracassam e pecam, pois são seres humanos. Como lidar com isso? Qual o nível de responsabilidade você, como líder deve ter quanto a esses aspectos da vida dos seus liderados? As respostas a essas perguntas dependem do seu contexto e nível de responsabilidade na instituição à qual pertence.

A verdade é que você e os liderados precisam de encorajamento. De alguma maneira, isso precisa ser providenciado. Sem dúvida, sua devoção pessoal a Cristo é o fator principal de encorajamento, mas sabemos que pessoas precisam de pessoas. É muito importante construir e cultivar oportunidades para uma interação pessoal que proporcione conforto, confronto e cuidados que visam levar as cargas uns dos outros (Gl. 6.2).

O próprio Senhor Jesus convidou os discípulos a orar com Ele (Mt. 26.37-38; Mc. 14.34). Paulo encorajou muitas pessoas através do seu ministério, e recebeu encorajamento de seus companheiros de ministério e filhos na fé. Apenas para citar dois exemplos, Paulo foi muito encorajado quando Tito encontrou-se com ele na Macedônia trazendo boas notícias sobre a igreja de Corinto (2Co. 7.5-13); ao escrever a Timóteo, Paulo pediu que ele procurasse ir logo ao encontro dele na prisão em Roma (2Tm. 4.9).

Líderes precisam de encorajamento e precisam ser encorajadores, e você não é uma exceção. Observe com atenção e carinho as pessoas que trabalham com você. Como você pode providenciar maneiras práticas e simples para providenciar encorajamento mútuo? Quando há tempo e espaço para partilhar fracassos e vitórias; motivos de oração, dúvidas e expectativas mútuas entre você e seus liderados? Talvez uma das melhores maneiras para encorajar regularmente os seus liderados seja dedicar tempo, com sabedoria, para ouvir e orar por essas pessoas.

8. Exemplo pessoal

Você conhece o ditado popular "Faça o que eu digo e não o que eu faço", e sabe também que isso não funciona. O nosso exemplo fala mais alto do que mil palavras!

Como líder, na dependência do Senhor, você vai procurar envisionar, envolver, equipar e encorajar seus liderados através do seu próprio exemplo! Nada é mais influenciador do que o nosso exemplo! As pessoas não querem apenas seguir as nossas palavras, mas também nossos passos. Elas querem ver algo concreto, que exemplifica aquilo que estamos falando.

O exemplo é fundamental para a liderança. Jesus disse aos discípulos: *"Sigam-me..."* (Mt. 4.19). Depois, Jesus pediu aos seus discípulos que fizessem outros discípulos Dele de todas as nações, e os ensinassem a obedecer a tudo o que Ele ordenou (Mt. 28.18-20). Ao lavar os pés dos discípulos, Jesus disse que dava exemplo para que eles fizessem o mesmo (Jo. 13.15). Paulo também se preocupou em ser exemplo dos fiéis e não tinham medo de pedir aos irmãos que seguissem o seu modo de vida. Ele exortou os irmãos filipenses dizendo: *"Ponham em prática tudo o que vocês aprenderam, receberam, ouviram e viram em mim."* (Fp. 4.9; cf. 1Co. 11.1).

O seu exemplo pessoal como líder é o que mais impacta profundamente os seus liderados. Observe o relacionamento entre Paulo e Timóteo. Paulo reconheceu que Timóteo tinha seguido de perto o seu ensino, a sua conduta, o seu propósito, a sua fé, a sua paciência, o seu amor, a sua perseverança, as suas perseguições e sofrimentos que enfrentou. Depois, Paulo recomendou que Timóteo continuasse firme, seguindo o seu exemplo (2Tm. 3.10-14). Na primeira carta que escreveu a Timóteo, Paulo reconheceu que alguns irmãos em Éfeso estavam desconfiando da liderança de Timóteo, simplesmente pelo fato de ele ainda ser jovem.[6] Paulo deixa claro para Timóteo, e para toda a igreja, que a chave para ele ganhar a

---

6 Naquela cultura, alguém com menos de 40 anos era considerado jovem. Kelly sugere que Timóteo não tinha mais que 35 anos. Cf. John N. D. Kelly, *Epístolas pastorais: introdução e comentário*, trad. Gordon Chown (São Paulo: Vida Nova, 1983), 105. Bürki sugere que ele teria entre 30 e 40 anos. Cf. Hans Bürki, *1 Timóteo*, trad. Werner Fuchs (Curitiba: Editora Evangélica Esperança, 2007), 60

confiança e o respeito dos irmãos seria apresentar a sua vida como um exemplo de piedade na palavra, no procedimento, no amor, na fé e na pureza (1 Tm. 4.12). Portanto, exemplo é essencial para a liderança!

Infelizmente, muitos se encantam com o carisma e a competência de um líder, e se enganam ao valorizar esses aspectos mais do que o caráter da pessoa. Sabemos que carisma e competência têm o seu lugar na composição da liderança, mas na perspectiva de Deus o caráter sempre é a prioridade! Se você não tem caráter aprovado de acordo com as orientações bíblicas[7], o seu carisma e competência de nada servirão para a obra de Deus, e os seus liderados precisam compreender isso e se comprometerem com essa verdade!

Você deve se lembrar que até mesmo o profeta Samuel, com toda a sua espiritualidade e experiência se deixou enganar pela aparência de Eliabe, ao pensar que ele poderia ser o novo rei de Israel no lugar de Saul. A avaliação do profeta estava distorcida e o Senhor logo disse a ele: *"Não considere sua aparência nem sua altura, pois eu o rejeitei. O Senhor não vê como o homem: o homem vê a aparência, mas o Senhor vê o coração"* (1 Sm. 16.7). Havia algo em Eliabe que convenceu Samuel de que ele poderia ser o escolhido de Deus. Contudo, o Senhor que vê e valoriza além da aparência, descartou Eliabe e todos os irmãos, sobrando apenas Davi, o caçula, que nem estava presente entre eles. Davi era o escolhido de Deus!

É necessário que você se preocupe e invista no desenvolvimento constante do seu caráter, sendo cada vez mais semelhante a Cristo no decorrer dos seus anos de vida e ministério. Entretanto, não despreze o desenvolvimento da sua competência como líder. Certamente há muitas habilidades e conhecimentos que precisam ser descobertos e desenvolvidos para que sua liderança seja marcada pela excelência. Quando um líder tem caráter piedoso, mas é fraco na sua competência para liderar, sua liderança pode ser ineficaz, e ficar comprometida. Por outro lado, um líder com muita competência, mas sem caráter piedoso está completamente desqualificado, pois lhe falta a integridade que é um ingrediente inegociável

---

7   Os principais textos bíblicos que apresentam os requisitos dos líderes são: 1 Timóteo 3.1-13; 2 Timóteo 2.1-13; Tito 1.5-9; Atos 6.1-6, Êxodo 18.21-22, e 1 Pedro 5.1-7.

para Deus. Portanto, caráter vem antes da competência. Carisma pode ser algo simplesmente desejável, mas nunca essencial.

Definimos e discutimos liderança sob a perspectiva de Deus: *"A liderança cristã é o esforço intencional para exercer influência, na dependência de Cristo, envisionando, envolvendo, equipando e encorajando pessoas, através do próprio exemplo, para cumprir os propósitos de Deus".*

Infelizmente, muitos erradamente pensam que ser líder é ter um cargo, um título, ou ter o nome escrito em algum quadro em algum organograma. Nada disso, porém torna alguém um líder no mundo dos negócios, e muito menos na igreja de Deus.

O líder cristão reconhece que é chamado e capacitado por Deus (dons espirituais, responsabilidades etc.) para influenciar pessoas, na dependência de Cristo, para os propósitos de Deus.

Enquanto continuar lendo esse livro você terá a oportunidade de considerar os aspectos mais essenciais da liderança cristã. Leia com calma, e separe tempo para refletir com profundidade sobre a sua própria vida e ministério de liderança. Ao final de cada capítulo, você encontrará boas perguntas para lhe ajudar nesse processo. Aproveite!

CAPÍTULO 1

O LÍDER E SEU RELACIONAMENTO COM DEUS

Lisânias Moura

Ser líder no contexto de uma igreja local ou mesmo numa organização evangélica é um desafio dos mais estressantes[1] bem como dos mais maravilhosos que podemos vivenciar. O que torna este desafio maravilhoso é que liderar uma igreja ou uma organização evangélica ou mesmo um ministério dentro de uma igreja, é que lidamos com vidas e não com produtos. O que fazemos não permanece na Terra se o fizermos como Deus espera que façamos. Neste papel de líderes nos tornaremos vulneráveis ou altivos, servos ou autoritários. Revelaremos se em nosso coração existe retidão ou segundas intenções em nossa função. Como John Ortberg diz, *todos nós, líderes, pastores, organizações, temos uma missão secreta ou agenda secreta.*[2] E esta agenda secreta pode nos impedir de realizar a agenda de Deus. Como, então, podemos ter um relacionamento com Deus que nos preserve no caminho dele?

---

1 Segundo pesquisa do escritor Jefferson Alvarenga, publicada em 20 de dezembro de 2020, 49% dos pastores entrevistados declararam já ter passado por alto nível de estresse. (www.jeffersonalvarenga.com/ pastores em perigo) Ver também www.gospeprime.com.br/ maioria-dos-pastores-algum-nivel-de-estres-se-por-causa-da-pandemia/14/03/2021

2 Ortberg, John, *Overcoming Your Shadow Mission.* Grand Rapids: Zondervan, 2008, pg. 9

1. Líderes espirituais focam no que são a partir da graça e não a partir do título

Quando alguém é convidado para representar o Brasil numa determinada comissão da ONU, é uma tremenda honra. Talvez a pessoa fique emocionada, se sinta honrada ou até mesmo poderia pensar com seus botões, "valeu todo o sacrifício, cheguei onde gostaria de ter chegado". Não existe nada errado neste pensamento, especialmente se a pessoa se qualificou para aquela função.

Por outro lado, imagine você diante de dois chamados. Ser um alto comissário da ONU ou liderar ou cuidar do Corpo do Filho de Deus? O chamado para a ONU é um chamado baseado em performance, o chamado de Deus é um chamado baseado em graça. Quem lhe chamou para servir na ONU foi um semelhante a você. Quem lhe chamou para servi-lo foi o criador do universo, o Senhor dos senhores, o próprio Deus. O que lhe garante no cargo da ONU é o desempenho, o que lhe garante no chamado de Deus é a graça oferecida por quem lhe chamou. Qual a identidade que tem mais valor?

Por isso, o apóstolo Paulo nos diz,

Mas, pela graça de Deus, sou o que sou, e sua graça para comigo não foi inútil; antes, trabalhei mais do que todos eles; contudo, não eu, mas a graça de Deus comigo. (1 Coríntios 15.10).

Paulo não despreza suas responsabilidades ou atividades, mas deixa bem claro que sua identidade não estava baseada no que ele fez, mas na graça de Deus derramada sobre ele. Ele era o que era, baseado no que ele era em Jesus e não no apostolado ou por ser um plantador de igrejas.

Nosso relacionamento com Deus, sejamos pastores ou líderes de ministério, é construído a partir desta verdade. É pela graça que fomos chamados e é por ela que realizamos o que realizamos e é pela graça que estamos em pé.

Mas, a partir da graça, ter em mente outras verdades é fundamental. Foi pela graça que fomos salvos e por causa da graça é que temos o Espírito Santo em nós. Isso compõe nossa identidade. Antes de sermos líderes, nós somos filhos de Deus. Nosso nome do cartão de visitas da igreja como líder ou diretor de uma certa área um dia desaparecerá. O dia chegará quando seremos menos procurados, seja para pregar, liderar, ensinar ou aconselhar. E, então, o que seremos?

Seremos para sempre filhos de Deus. Os títulos e os prefixos passam, mas o que fica é nossa relação com Deus. Pode ser que nossa relação com Deus por causa do nosso título ou função demande de nós mais dependência ou mais fé. Isto não está necessariamente errado, mas muito disto acontece por causa do nosso título ou responsabilidade. Por outro lado, o que mais deve causar em nós uma busca por Deus é desfrutar da graça, não para termos frutos na missão, especialmente quando somos tentados pela "missão secreta". Por causa da graça somos amados por Deus e não por causa da nossa performance. Desta forma, como líderes nosso anseio por Deus é por causa de Deus e não primariamente por causa da nossa responsabilidade. Por causa disto, buscar aprofundar nosso relacionamento com Deus, de forma pura, ocupa lugar primordial em nosso papel de liderança. O que somos em Cristo é muito mais que um título ou uma função.

No início do meu ministério como pastor sênior, deu-se uma luta pessoal. Por que orar mais? Por que ler mais a Bíblia? Eu queria ser um sucesso, ser visto como um pastor de ponta. Posso dizer que apanhei e sofri até o dia que, em minha mente admiti que minha busca por Deus estava sendo muito mais para ter uma melhor performance em vez de buscá-lo porque ele me amava e eu queria amá-lo mais. Buscar a Deus porque o amamos nos liberta do egocentrismo no ministério e nos encaminha para a trilha de sermos o que Deus quer que sejamos como fruto da graça e não fruto da nossa própria força. Além disto, nos direciona para uma semelhança com Jesus.

2. No relacionamento sadio com Deus aprendemos a sermos servos que lideram.

Na busca pelo relacionamento profundo com Deus, o líder experimenta resultados que não usufruiria fora deste relacionamento. Talvez o comportamento do líder que aprofunda seu relacionamento com Deus não difira muito daquele líder que é apenas religioso e tem sua identidade no título que carrega e não naquilo que ele é em Jesus. Ambos os tipos de líderes podem pregar, dirigir uma igreja ou uma organização, uma ONG evangélica, etc. Mas, dentro deles algo diferente acontece.

A diferença está no propósito que cada líder tem. Na medida que um líder se dedica a um relacionamento com Deus de forma intencional, uma mudança começa a ser experimentada ou vivenciada. O líder começa a descobrir não somente que sua identidade não está no título ou função, mas também descobre que servir é a razão de sua existência e que seu prazer vem de Deus e não do seu título. Observemos estes textos...

Portanto, que todos nos considerem como **servos** *de Cristo e encarregados dos mistérios de Deus. (1 Coríntios 4.1 – NVI)*

Paulo, servo de Cristo Jesus, chamado para ser apóstolo, separado para o evangelho de Deus (Romanos 1.1 – NVI)

Note que Paulo nestes dois versículos começa se intitulando de servo. Ele era um apóstolo, chamado pelo próprio Deus antes da fundação do mundo, mas lá no íntimo, marcado pela presença de Deus, ele se via como servo. No texto de Romanos Paulo se identifica como servo. A palavra grega que ele usa é a palavra *doulos*, que era o mais baixo nível de escravo ou servo. Era o escravo ou servo que não tinha vontade própria, não tinha como desligar-se dos seus senhores, não recebia salário, era uma situação para a vida inteira. Ele poderia ter colocado a palavra apóstolo na frente da palavra escravo justamente para afirmar seu título ou responsabilidade. No entanto, fruto do seu relacionamento com Deus o que ele era se tornava mais importante do que o que ele fazia.

Quando lemos o texto de 1 Coríntios 4.1 a palavra que Paulo usa para apresentar-se é *hyperetes*. Um pouco diferente do significado da palavra *doulos, hyperetes* aponta para aquele que está sob ordens de um grupo para servir a este grupo ou ajudá-lo a conquistar certos alvos[3]. O pedido dele no texto de 1 Coríntios 4.1 é um pedido que os outros o considerem desta forma, um servo que está ali para servi-los. Como no texto de Romanos, Paulo poderia ter se apresentado como um apóstolo colocado ali para servir àquela igreja. Não! Ele primeiro enxerga-se como um servo, um servo obediente a Deus e que vive para servir. Paulo poderia ter sido um apóstolo sem ser servo, mas não teria causado o impacto que causou. O ser precedia o fazer. Ele poderia ser um apóstolo sem a atitude de servo.

Se o importante para o apóstolo Paulo era para o que ele vivia, isto nos remete a vê-lo imitando Jesus. Jesus é Deus, foi assim que ele afirmou a seu próprio respeito conforme João 17, por exemplo, que Ele e o Pai eram um. Também, Deus, por ocasião do batismo de Jesus, deixa claro o quanto o amava. Se alguém numa rua de Jerusalém perguntasse para Jesus, "quem é você?", com certeza ele responderia, "Sou Deus, filho de Deus, amado por meu Pai e vim à Terra para servir e dar minha vida em resgate de muitos" (Marcos 3.17; 10.45).

Como líderes precisamos estar seguros não somente da nossa identidade, mas também do nosso propósito de vida. Sem esta segurança nos tornamos mais vulneráveis às artimanhas da nossa carne e do diabo. E é no relacionamento com Deus que ganhamos esta segurança.

Jesus foi tentado a renunciar ao processo de realizar seu propósito de vida quando Satanás lhe ofereceu todos os reinos deste mundo caso ele o adorasse. Adorar a Satanás seria fugir da cruz. Seria ter o que Deus prometera para Jesus sem que ele cumprisse o propósito de Deus, mas não seguiria o processo de Deus, que era a cruz. Se Jesus foi tentado, quanto mais nós também o seremos! Somos tentados, como líderes, a olharmos mais para nossas agendas pessoais do que para a agenda de Deus. É muito fácil buscarmos construir nossa imagem de sucesso, de pastores de sucesso, do que nos entregarmos à busca de cumprir o propósito de Deus. E daí nos desgastamos em criar programas e eventos a fim provermos

---

3 Rengstorf, K. H. ὑπηρέτης, ὑπηρετέω. In G. Kittel, G. W. Bromiley, & G. Friedrich (Orgs.), *Theological Dictionary of the New Testament* (Edição eletrônica, Logos., Vol. 8, p. 540). Eerdmans.

crescimento para a igreja ou organização de uma forma independente de Deus ou violando os seus princípios. E isto nos leva a um cansaço para o qual Deus não nos chamou. Servir traz desgaste, mas quando servimos a Deus e não aos nossos próprios propósitos o cansaço é trocado por renovação, embora que o cansaço exista.

É essa atitude que o Espírito de Deus usa para nos transformar. Em vez de sermos apegados ao título de líderes, seremos movidos para sermos servos que lideram.

3. Líderes se relacionam com Deus para glorificá-lo

Viver como um servo é fruto de um relacionamento sadio com Deus, um relacionamento baseado no amor e na graça de Deus e não num relacionamento utilitarista com o nosso Pai. Fruto disto, nossa vida passa ser focada em glorificar Deus. Mas, como buscar este relacionamento que glorifica Deus?

Notemos a linguagem de Jesus em João 17.4, *"Eu te glorifiquei na terra, completando a obra que me deste para fazer" (NVI)*. Jesus foi tentado a desistir, no caminho da crucificação chegou a pedir que o Pai o livrasse do cálice que estava prestes a beber, mas por amor ao Pai, ele escolheu ir até o fim. Em nenhum momento Jesus reclamou das atrocidades cometidas contra ele, a rejeição sofrida por seu próprio povo ou da traição dos seus doze mais próximos ou dos seus três mais íntimos. E por que ele teve esta atitude? Simplesmente porque ele amava o Pai. Porque ele amava o Pai, ele não abraçou do caminho mais fácil proposto por Satanás que incluía fama, poder e satisfação física.

Em nosso papel de liderança sempre seremos tentados por fama, poder e riquezas. Se resistimos apenas porque temos um chamado, poderemos ser malsucedidos. Mas, se resistimos porque amamos a Deus, isso é fruto do Espírito e o Espírito nos infunde esse amor para agradar ao Pai. Então, repetimos a pergunta, como buscar este relacionamento que glorifica Deus?

Lembro de uma frase de John Wood, considerado o melhor treinador da história do basquete universitário norte americano. Certa vez, numa entrevista a uma rádio depois de ganhar oito campeonatos entre 1964 e 1974, perguntaram a ele, "qual o segredo de um time oito vezes campeão? ". Ele respondeu, "nós praticamos o básico". Qual seria o básico para um líder aprofundar seu relacionamento com Deus?

Não vemos Jesus numa campanha de oração nem promovendo uma escola dominical. Mas, vemos Jesus orando e recitando as Escrituras. Encontramos Jesus orando em momentos cruciais como o vemos a sós com o Pai simplesmente porque queria estar sozinho com Deus. Jesus estava orando quando foi batizado (Lucas 3). Orou durante toda a noite quando escolheu seus doze discípulos (Lucas 6.12). Mesmo pressionado por uma agenda, ele priorizava seu tempo a sós com Deus (Marcos 1.35). Mesmo quando as pressões de pessoas e ministério vinham sobre ele, ele não buscava uma solução pronta para fugir do estresse, mas buscava um lugar solitário para orar (Lucas 5.8).

É muito interessante que Jesus se isolava muitas vezes para buscar aprofundar seu relacionamento com Deus. Em Lucas 5.16 notamos que mais uma vez sob as pressões ministeriais Jesus se retirava para lugares solitários e orava. Jesus era Deus e Deus é relacional, ama pessoas e com certeza podemos dizer que ele gostava de estar com as pessoas. Mas, por mais que amasse aqueles ao seu redor, suas forças também se esvaíam. A sequidão emocional muitas vezes o cobria e como ele poderia sobreviver ao deserto do ministério? Indo para o deserto, correndo para os braços do Pai!

No final do segundo ano do meu pastorado na igreja onde estou há vinte e nove anos, descobri que eu estava virando uma máquina de sermões e uma máquina de aconselhamento. O problema é que percebi que ao mesmo tempo que eu estava aconselhando e pregando, eu estava me tornando vazio e minhas pregações eram bonitas em termos de retórica, mas vazias em termos de vida. Por fora um grande ministério, por dentro um tremendo fracasso. Pior ainda foi descobrir que minha vida devocional estava sendo substituída por uma correria pelo desejo de agradar outros e ninguém podia ver o culto ao meu ego. Somente quando atinei para buscar Jesus e estar mais com ele a sós é que um novo momento começou a surgir permeado por uma nova motivação. Precisei admitir meu pecado diante de Deus e procurar um recomeço.

Qual é o básico diante de Deus para não sermos seduzidos pela tentação do sucesso ou sermos uma máquina de sermões sem vida? Jesus não nos deixou um roteiro para usarmos em nosso tempo com ele, mas nos inspirou a sermos dependentes, honestos e intercessores.

Quando paramos para orar, deixando de lado nossa agenda frenética de eventos, pessoas para atender, sermões para preparar, reuniões para dirigir, estamos no caminho da dependência de Deus. O oposto é, nas palavras de Paul Tripp, "olhar para o ministério como fonte de provisão que o ministério nunca teve como alvo. Daí, a posição de liderança começa a ter um peso em nosso coração que nunca deveria ter tido"[4]

Estamos na dependência de Deus quando reconhecemos nossa montanha de compromissos em nossa agenda e reconhecemos que estamos fazendo além do que Ele pediu. Como também diz Paul Tripp, "desequilíbrio é pecado". Pecamos quando temos uma agenda tão cheia que perdemos até o vigor da vontade para orar. Para nós líderes orar é básico. Porém, orar não exatamente com uma lista de pedidos, mas orar com um coração desejoso de honrar a Deus e nos deliciarmos na presença dele. Gosto de uma expressão de John Piper, "Deus é mais glorificado em nós quando nossa maior satisfação é Ele[5].

Assim, vem a pergunta para nós: "Estamos orando porque queremos estar a sós com Deus ou porque temos uma grande lista de pedidos? ". Jesus orou por aqueles que ele escolheria como apóstolos, orou por aqueles que se converteriam no futuro, mas Jesus também adorou a Deus em sua prática de oração. Se Jesus, sendo quem era orou, intercedeu e adorou, quanto mais nós não deveríamos viver esta experiência? O básico da vida devocional de Jesus era orar. Ele não precisava ler as Escrituras para se

---

4 Tripp, Paul David. Lead (pp. 89-90). Crossway. Edição do Kindle.

5 Logo marca no rodapé do site www.desiringgod.org

alimentar espiritualmente, pois ele as inspirou. Embora Jesus fosse Deus, estar com o Pai era o imprescindível em sua vida.

Por outro lado, em sua vida de oração Jesus nos ensinou a sermos honestos quando falamos com o Pai. Isto era básico para ele e se era básico para ele, não seria básico para nós também?

No relacionamento com Deus, líderes precisam admitir sua vulnerabilidade e pecados. Um pouco antes de ir para o Calvário, Jesus vivenciou um dos momentos mais angustiantes de sua vida. Em Mateus 26.38 ele mesmo diz que estava angustiado. O termo usado por Jesus carrega o sentido de que era uma dor, uma tristeza além do limite. Mateus usa a palavra grega *perilypos*, uma dor além do que se pode suportar.[6] Mais tarde, continuando em oração perante Deus, Jesus diz, "Meu Deus se possível, passa de mim este cálice..." (Mateus 26.39- NVI). Jesus em seu tempo de oração era também transparente com seu Pai. Nestas orações ele também demonstrou uma vulnerabilidade, embora em sua vulnerabilidade nunca haveria a possibilidade de ele pecar. Jesus expressou o que havia dentro dele.

E nós, somos vulneráveis? Se somos vulneráveis, o que nos garante que não pecaremos? Jesus nunca pecaria e assim não teria nenhum momento de confissão em sua vida. Porém, embora o nosso mestre não tivesse nenhuma chance de ter o pecado em sua vida, ele nos advertiu que no mundo teríamos provações e tentações. Assim, também podemos dizer que como líderes não podemos negar nossa vulnerabilidade e deixar de reconhecer as portas para certos perigos aos quais somos atraídos.

Ser vulnerável é admitir nossa possibilidade de pecar ou vontade de cairmos na tentação e na dependência de Deus fugirmos do pecado. Vulnerabilidade implica trazermos para Deus não somente nossos pecados que é a confissão, mas também nossos sentimentos, sejam eles quais forem, mesmo antes de pecarmos.

---

6 Bultmann, R. λύπη, λυπέω, ἄλυπος, περίλυπος, συλλυπέομαι. In G. Kittel, G. W. Bromiley, & G. Friedrich (Orgs.), *Theological Dictionary of the New Testament* (Edição eletrônica, Logos., Vol. 4, p. 323). Eerdmans.

Será que líderes não são tentados ou ofendidos. E quando somos ofendidos, qual nossa primeira reação? Será que não temos ciúmes de outros colegas que pregam melhor do que nós ou de outros pastores, cujas igrejas são maiores do que as nossas?

Quando somos ofendidos ou desprezados em nossos ministérios, podemos ter duas atitudes básicas. Podemos negar o que estamos sentindo ou podemos correr para Deus e dizermos o que estamos sentindo. Jesus não escondeu de Deus o que ele estava sentindo.

Lembro de alguns anos atrás quando um dos membros chave da nossa equipe estava tentando me derrubar ou tomar meu lugar como pastor da igreja. Diante de mim me abraçava, me elogiava, mas por trás me esfaqueava de uma forma sinistra. Ele deixou nossa equipe, mas eu ansiava por ouvir sobre a queda dele. Precisei admitir este desejo diante de Deus para eu ser curado.

Não somos livres das tentações morais, do assédio ou de desejarmos a mulher do próximo. Mas o que fazemos com esses sentimentos? Escondemos, pensamos que como pastores somos imunes a estes tipos de problemas? Negamos porque somos líderes e líderes não podem admitir este tipo de sentimento? Admitir e fugir é o caminho, pois refletem o zelo pelo relacionamento com Deus.

O pecado da Davi com Bate-Seba não começou quando ele trouxe a esposa de Urias para dentro do palácio e teve relações sexuais com ela. Começou bem antes. Começou porque Davi era pecador, teria terminado se ele houvesse sido honesto com Deus e confessado suas intenções e desejos desordenados.

Líderes que não repartem suas lutas e confessam seus pecados a outros têm mais chances de caírem em suas caminhadas ministeriais. Não é à toa que Tiago nos diz, "...confessai os vossos pecados uns aos outros e orem uns pelos outros a fim de serem curados" (Tiago 5.16). Uma das orações mais fundamentais está no salmo 139 quando Davi diz, "Sonda-me, ó Deus, vê se em minha conduta algo te ofende e dirige-me pelo caminho certo". Esta prática diária e honesta nos protegerá do caminho do mal.

Nunca cresceremos em nossa liderança se trocarmos tempo a sós com Deus e vulnerabilidade por tarefas, agenda cheia e busca de sucesso. Porém, cresceremos continuamente em nossa liderança se o tempo com Deus for mais forte do que resultados e tarefas. Isto resulta de relacionamento com Deus, pois na busca por um profundo relacionamento com Deus seremos mais perdoadores, mais graciosos, menos autocentrados, mais misericordiosos, mais desapegados a títulos e honras passageiras. Seremos servos que lideram, muito mais que líderes que servem, pois, servir reflete Jesus, e vem antes de liderar. Não temos como servir se não desfrutamos de um relacionamento profundo com Deus.

Para você refletir

1. *Como líder, como você define o seu relacionamento com Deus? Aprofundando, morno, mecânico?*

2. *O que você pode fazer para ter um relacionamento com Deus mais profundo?*

3. *O que você mais valoriza? A sua posição como líder ou o quem você é em Cristo?*

4. *Você tem alguém com quem demonstra a sua vulnerabilidade e admite suas fraquezas?*

5. *Em quais área da sua vida você sabe que não reflete o caráter de Jesus, sendo um servo? O que pode fazer para se tornar, cada vez mais um servo como Jesus?*

CAPÍTULO 2

PERIGOS QUE AMEAÇAM A LIDERANÇA CRISTÃ

Thiago Souza Moreira

Como estamos observando neste livro, uma liderança cristã saudável e bíblica é uma necessidade para o crescimento da Igreja de Cristo. Segundo Barna, "para qualquer um de nós tornar-se santo, justo, comprometido com Cristo, ou radicalmente obediente a Deus, temos necessidade de líderes que farão tudo o que é necessário para facilitarem o crescimento de tais qualidades em nós, pecadores, egoístas e mortais mal orientados"[7].

Logo, a liderança cristã se torna um grande privilégio, a ponto da própria Palavra de Deus afirmar que: "Se alguém aspira ao episcopado, excelente obra almeja" (1Tm. 3.1)[8]. Ou seja, liderar o povo de Deus é ser coparticipante da obra que Deus está realizando em Sua Igreja e no mundo.

Entretanto, tal privilégio é acompanhado não apenas de responsabilidades e qualificações necessárias, mas também de perigos que rodeiam e ameaçam o líder cristão. Dessa forma, o objetivo deste capítulo é apresentar as principais ameaças para a liderança, auxiliando os leitores a enfrentá-las de maneira bíblica e vitoriosa.

---

7 George Barna (ed.). *Líderes em ação: sabedoria e encorajamento na arte de liderar o povo de Deus* (Campinas, SP: United Press, 1999), p. 18.

8 Neste capítulo, optamos por utilizar as citações bíblicas da versão ARA (Almeida Revista e Atualizada).

1. Falta de devoção a Deus

Creio que o primeiro e principal perigo que ameaça um líder espiritual é a falta de devoção a Deus. O relacionamento com Deus é a base e fonte de toda liderança que imita o modelo do nosso Senhor Jesus Cristo. "A liderança espiritual flui de um relacionamento vivo e íntimo com Deus. Você não consegue ser líder espiritual se não conhecer a Deus de maneira profunda e transformadora".[9]

Assim, um líder espiritual deve ser disciplinado para nutrir sua vida de relacionamento com Deus, dispondo momentos regulares para oração, leitura e estudo da Palavra, tempo de solitude e autoavaliação, confissão de pecados, gratidão e adoração ao Senhor.

Essa questão não é importante apenas para a vida pessoal do líder, mas também para aqueles que o seguem, pois, o líder não direciona o povo de Deus apenas com suas palavras, mas também a partir do seu exemplo pessoal. Por isso, o líder puritano Richard Baxter faz a seguinte exortação: "veja que você seja o adorador que persuade outros a serem. Certifique-se de que crê naquilo que diariamente persuade outros a crerem".[10]

Por mais que a devoção a Deus pareça uma realidade simples e óbvia para o líder cristão, líderes podem enfrentar dificuldades em manter as práticas espirituais com regularidade diante das diversas demandas atuais. O próprio ministério pode se tornar a principal barreira para a vida devocional, pois é fácil focalizar na obra do Senhor e perder de vista o relacionamento com ele, como a história de Maria e Marta demonstra (Lc. 10.38-42).[11]

Portanto, todo líder cristão deve estar constantemente atento para sua vida com Deus, praticando o conselho de Paulo ao jovem líder Timóteo: "tem cuidado de ti mesmo" (1Tm. 4.16). Somente com este senso de alerta quanto à importância do relacionamento com Deus um líder poderá

---

9 Henry T. Blackaby. *A liderança espiritual: desenvolvendo líderes para novos tempos* (São Paulo: LifeWay, 2011), p. 127.

10 Richard Baxter. *O pastor aprovado* (São Paulo: PES, 3. ed. 2006), p. 59.

11 Ronaldo Lidório. *Liderança e integridade* (Curitiba, Editora Betânia, 2019), p. 34.

desenvolver a vida com o Senhor, as virtudes provenientes do evangelho e um coração disposto a crescer e servir. Como afirma Tripp:

> Estou cada vez mais convencido de que o que dá ao ministério as suas motivações, perseverança, humildade, alegria, amabilidade, paixão e graça é a vida devocional daquele que está exercendo o ministério. Quando eu admito diariamente como sou carente, meditando diariamente na graça do Senhor Jesus Cristo e me alimentando diariamente da sabedoria restauradora da sua Palavra, sou impelido a compartilhar com outros a graça que estou recebendo diariamente das mãos do meu Salvador. Simplesmente não há um conjunto de habilidades exegéticas, homiléticas ou de liderança que possam compensar a ausência disso.[12]

2. Orgulho

Outro forte perigo que ameaça o líder cristão é o orgulho, pois alguém orgulhoso se coloca como o centro de todas as coisas, tomando o lugar que deveria ser de Deus e pensando sobre si além do que deveria (Rm. 12.3).

Diante disso, a humildade se torna uma questão ainda mais urgente para um líder cristão, pois a tentação do orgulho em sua função e posição se torna ainda maior. Assim, o líder deve combater a tentação de usar seu cargo e influência para servir a si mesmo, tendo como alegria o benefício dos seus liderados e não o seu engrandecimento pessoal.[13]

Além disso, o orgulho faz com que o líder se torne autossuficiente por acreditar que o sucesso ministerial depende de sua capacidade, inteligência, métodos e planejamento. Como Tripp demonstra, esse tipo de atitude consome a vida espiritual e relacional do líder, tornando-o menos dependente de Deus e das pessoas. Um líder orgulhoso não reconhece

---

12 Paul Tripp. *Vocação perigosa: os tremendos desafios do ministério pastoral* (São Paulo: Cultura Cristã, 2014), p. 29.

13 John Haggai. *Seja um líder de verdade: liderança que permanece para um mundo em transformação* (Venda Nova, MG: Editora Betânia, 1990), p. 98.

que Deus produz os frutos do ministério, deixando de louvar, agradecer e depender de Deus.[14]

A autossuficiência também produz no líder o desejo de receber a glória e reconhecimento devidos a Deus. É nesse caminho que muitos líderes se deixam dominar pelo ego, pelo desejo de reconhecimento e aprovação e pelos benefícios da liderança. Entretanto, como D. A. Carson relembra e adverte: "os líderes cristãos são apenas servos de Cristo e não devem receber aquela submissão reservada unicamente para Deus".[15]

Tudo isso faz com que um líder não busque mais o reino e a vontade de Deus, mas lute pela implantação do seu próprio reino e vontade. Como afirma Bill Lawrence, o sonho de tal líder se torna a obtenção de uma coroa sem a cruz, justamente aquilo que Satanás ofereceu ao Senhor Jesus Cristo em uma das tentações.[16]

Por fim, além dos prejuízos espirituais e relacionais já descritos, o orgulho é fortemente combatido nas Escrituras, tendo suas consequências destacadas: o orgulho conduz à destruição (Pv. 16.18), gera discussões (Pv. 13.10), além de ser motivo de oposição ao próprio Deus (Tg. 4.6). Por essas e outras razões o orgulho é um grande perigo que ameaça a vida do líder cristão, devendo ser combatido ao seguir o exemplo de humildade do próprio Senhor Jesus Cristo (Mc. 10.32-45, Fp. 2.1-8).

3. Poder

Greg Ogden e Daniel Meyer destacam em seu livro que Satanás geralmente utiliza uma clássica tríade para tentar os líderes espirituais: dinheiro, poder e sexo.[17] É claro que qualquer cristão está suscetível a esses três tipos de tentação, mas o líder, por sua posição e função, precisa estar ainda mais atento aos seus perigos.

---

14 Paul Tripp. *Sé Líder: 12 principios sobre el liderazgo em la iglesia* (Nashville: B&H Publishing Group, 2021), p. 29.

15 D. A. Carson. *A cruz e o ministério cristão* (São José dos Campos: Editora Fiel, 2009), p. 95.

16 Bill Lawrence. *Developing the Leader's Heart: how Jesus Shaped 12 men in 3 years to Change the World* (Franklin – TN, Carpenter's Son Publishing, 2019), p. 55.

17 Greg Ogden; Daniel Meyer. *Elementos essenciais da liderança: visão, influência, caráter* (São Paulo: Editora Vida, 2009), p. 171.

Como dito acima, a própria função e posição de liderança delega ao líder algum tipo de poder ou autoridade. É claro que, biblicamente, tal autoridade deve ser exercida com o intuito de servir as pessoas e guiar o povo de Deus rumo à vontade dele. Entretanto, não podemos negar que o poder tem o potencial de se tornar uma arma muito perigosa, e ser usado de modo abusivo pela pessoa que está na função de liderança. John Piper destaca o perigo do poder ao afirmar que:

> O poder é perigoso não apenas porque é possível usá-lo para fazer o mal, mas também porque é possível usá-lo para exaltar o que tem. Uma vez que todos os seres humanos desejam glória, e poder por vezes faz parte da glória, somos todos tentados a buscar admiração ao obter poder. Amamos ser admirados e elogiados e, portanto, exercemos o poder que temos para obter aplausos. Em outras palavras, nosso poder é empregado para exaltarmos a nós mesmos. Esse é um grande perigo.[18]

Assim, o abuso de poder é uma tentação que o líder precisa resistir. A tendência de assumir uma liderança ditatorial é comum a muitos líderes, que de maneira consciente ou inconsciente, podem chegar à seguinte conclusão: "eu sei as respostas, porque tenho recebido compreensão, conhecimento e posição especiais. Portanto, eu determino nossa direção, porque sou o líder e sei o que é melhor".[19]

Tal tipo de pensamento pode conduzir o líder a exercer um poder coercitivo, que conduz pela força, que não admite erros e que vê as pessoas como empregadas do seu próprio império, e como inimigas quando questionam seus planos e ações. O resultado desastroso deste estilo de liderança é o sufocamento de pessoas, o cansaço e stress dos liderados, e principalmente, o distanciamento da comunhão e submissão ao Senhor, pois o próprio líder se torna o centro do grupo.

---

18 John Piper. *Vivendo na luz: dinheiro, sexo e poder: fazendo o melhor uso de três oportunidades perigosas* (São Paulo: Vida Nova, 2019), p. 70-71.

19 Hans Finzel. *10 Erros que um líder não pode cometer* (São Paulo: Vida Nova, 1997), p. 78.

Além disso, o desejo pelo poder e domínio não é apenas perigoso, mas é contrário àquilo que as Escrituras ensinam sobre o papel e atitude de um líder espiritual. O próprio Senhor Jesus Cristo deixou claro aos seus discípulos (através de suas palavras e de seu exemplo) que não deveriam almejar o poder, mas o serviço:

> Mas Jesus, chamando-os para junto de si, disse-lhes: sabeis que os que são considerados governadores dos povos têm-nos sob seu domínio, e sobre eles os seus maiorais exercem autoridade. Mas entre vós não é assim; pelo contrário, quem quiser tornar-se grande entre vós, será esse o que vos sirva; e quem quiser ser o primeiro entre vós será servo de todos. Pois o próprio Filho do Homem não veio para ser servido, mas para servir e dar a sua vida em resgate por muitos. (Mc. 10.42-45)

Com base nisso, muitos escritores na área de liderança cristã nomeiam tal conceito como liderança de servo. Hans Finzel traça a diferença entre os estilos de liderança da seguinte forma: "a atitude líder-liderado seria caracterizada pela pessoa que acredita que todos deveriam servi-lo, em vez de ele servir aos outros... A liderança de servo exige que venhamos a sentar e chorar com os que choram dentro de nossas organizações. Requer que nos rebaixemos e nos sujemos quando há necessidade de pegar no pesado".[20]

Portanto, líderes cristãos são chamados a seguir o exemplo do Mestre, aquele que tinha todo o poder e autoridade sobre a sua criação, mas se dispôs a servir e se sacrificar em favor de suas criaturas. Da mesma forma, o líder cristão não deve ser seduzido pela tentação do poder, mas usar sua posição e autoridade para servir e se sacrificar em prol dos seus liderados.

---

20 Hans Finzel. *10 Erros que um líder não pode cometer* (São Paulo: Vida Nova, 1997), p. 29.

4. Imoralidade

Não podemos negar que vivemos em uma sociedade permeada por uma visão não bíblica a respeito de questões morais, principalmente na área sexual. Todos os dias somos bombardeados por conceitos e imagens repletas de uma sexualidade distante do padrão divino. "Especialmente hoje, considerando a proliferação dos recursos pornográficos e a capacidade de manter absoluto segredo ao mesmo tempo em que se envolve em aventuras ilegítimas, a manutenção da integridade de coração é algo profundamente desafiador".[21]

John Piper destaca que a imoralidade sexual tem como fonte um enfraquecimento no relacionamento do líder com Deus que gera um desejo de substituir o prazer em Deus por outro prazer. Segundo ele, "o objetivo de Jesus é nos despertar do triste e tenebroso entorpecimento de ter sentimentos tão fracos a respeito da glória de Deus que precisamos aumentá-los ou substituí-los por pensamentos lascivos sobre estímulo sexual ilícito".[22]

Líderes também podem ser tentados a cair na imoralidade sexual como uma espécie de fuga dos problemas da vida, seja por dificuldades no próprio casamento ou como uma tentativa de aliviar o estresse da liderança.[23] Por isso, líderes cristãos precisam guardar o coração, evitando situações (sejam relacionais ou mesmo virtuais) que promovam a tentação sexual em suas vidas.

É fácil notar como as Escrituras alertam sobre o perigo da imoralidade, seja por meio de seus personagens (alguns que resistiram, como José em Gn. 39, outros que caíram, como Davi em 2Sm. 11), ou por meio de orientações diretas para o cristão (1Ts. 4.1-8) e para o líder espiritual (1Tm. 3.1-2). Nessa última passagem, Paulo afirma que o bispo deve ser marido de uma só mulher. Sobre isso, Gene Getz afirma:

---

21 George Barna (ed.). *Líderes em ação: sabedoria e encorajamento na arte de liderar o povo de Deus* (Campinas, SP: United Press, 1999), p. 81.

22 John Piper. *Vivendo na luz: dinheiro, sexo e poder: fazendo o melhor uso de três oportunidades perigosas* (São Paulo: Vida Nova, 2019), p. 45.

23 Greg Ogden; Daniel Meyer. *Elementos essenciais da liderança: visão, influência, caráter* (São Paulo: Editora Vida, 2009), p. 173.

Acreditamos que Paulo se referia à pureza moral, por isso enunciou esta qualidade imediatamente, dizendo que o líder deve ser irrepreensível. Não há nada mais significativo na construção da reputação de um homem do que ele ser fiel a uma só mulher – a sua esposa. Porém, nada destrói a confiança mais rapidamente do que a imoralidade. Resumindo, Paulo queria dizer que se não pudermos confiar na fidelidade de um homem para com a sua esposa, não poderemos confiar nele em outras áreas de sua vida, particularmente no que diz respeito à honestidade e integridade.[24]

Dessa forma, todo líder cristão deve manter-se vigilante quanto à sua imoralidade sexual, guardando em mente o conselho de Paulo aos coríntios: "Aquele, pois, que pensa estar em pé veja que não caia" (1Co. 10.12).

5. Ganância

Além do poder e do sexo, o dinheiro compõe o terceiro elemento da tríade de tentações na vida de um líder. É por isso que um líder precisa alimentar um espírito de contentamento em sua vida (Fp. 4.11-13), lembrando-se constantemente que a vida não consiste na quantidade dos seus bens (Lc. 12.15). Ao tratar sobre a tentação do dinheiro, Ogden e Meyer destacam que "o diabo reduz a vida a um elemento material. Satisfaça suas necessidades. Essa é a tentação da sociedade ocidental cuja vida gira em torno do conforto. Ponha sua segurança naquilo que você consegue amealhar".[25]

Porém, quando falamos sobre dinheiro, devemos lembrar que o dinheiro em si não é algo ruim, sendo visto muitas vezes como bênção de Deus (Dt. 8.18, Pv. 10.22). O que as Escrituras condenam é o amor pelo dinheiro (1Tm. 6.10) que governa o coração (Mt. 6.19-24). Então, quando um desejo correto se torna uma cobiça pecaminosa? Piper responde essa questão da seguinte maneira:

---

24 Gene A. Getz. *Pastores e líderes: o plano de Deus para a liderança da igreja* (Rio de Janeiro: CPAD, 2004), p. 111.

25 Greg Ogden; Daniel Meyer. *Elementos essenciais da liderança: visão, influência, caráter* (São Paulo: Editora Vida, 2009), p. 171.

Minha sugestão: coloque o último mandamento junto com o primeiro e você encontrará a resposta. O primeiro mandamento é: "Não tenha outros deuses diante de mim. Nada em seu coração deve competir comigo. Deseje-me tão plenamente que, quando me tiver, fique satisfeito". E o décimo mandamento é: "Não cobice". Não tenha desejos ilegítimos. Ou seja, não deseje coisa alguma que prejudique seu contentamento em Deus. Portanto, a cobiça, ou o desejo incorreto, consiste em desejar qualquer coisa de maneira tal que o leva a perder seu contentamento em Deus.[26]

Assim, o líder cristão deve buscar satisfação em Deus e não nas posses e privilégios materiais. As Escrituras são claras ao alertar sobre o perigo da ganância para o líder, demonstrando que alguém que está na posição de liderança não deve ser avarento (1Tm. 3.3), nem ganancioso (1Pe. 5.2). Na verdade, tais características são evidenciadas na vida de falsos mestres (1 Tm. 6.3-10).

John MacArthur resume bem o impacto da ganância na vida de um líder espiritual. Ele afirma que "qualquer pessoa que ame o dinheiro se comprometerá e lucrará de alguma forma sórdida. O homem que esteja na liderança espiritual não deve ser cobiçoso ou indulgente consigo mesmo, pois seria facilmente corrompido. Ele lida com o dinheiro de Deus, portanto, deve manuseá-lo com mãos santas".[27]

Para piorar, este impacto não se limita à vida do próprio líder, pois também efeitos na vida das pessoas que estão ao redor dele. Quando o coração é dominado pela ganância, pelo desejo de ter para si, a tendência é que tal pessoa se torne cruel e insensível para com os outros,[28] deixando de exercer o cuidado espiritual do próximo que a função de líder exige.

Por isso, o líder espiritual deve cuidar do seu coração, desenvolvendo uma atitude de contentamento, gratidão e generosidade, evitando assim

---

26 John Piper. *Vivendo na luz: dinheiro, sexo e poder: fazendo o melhor uso de três oportunidades perigosas* (São Paulo: Vida Nova, 2019), p. 52.

27 John MacArthur. *Ministério pastoral: alcançando a excelência no ministério cristão* (Rio de Janeiro: CPAD, 5. ed, 2007), p. 111.

28 John Piper. *Vivendo na luz: dinheiro, sexo e poder: fazendo o melhor uso de três oportunidades perigosas* (São Paulo: Vida Nova, 2019), p. 62.

que a ganância o domine, e utilizando os recursos que Deus lhe dá com sabedoria e desprendimento, pois, como afirma Maxwell, "a única maneira de vencer quando se trata de dinheiro é não se apegar a ele, e ser generoso com ele, para realizar coisas de valor".[29]

6. Isolamento e centralização

Por fim, os últimos perigos que destacaremos neste capítulo são os perigos do isolamento e da centralização. Com isso, queremos dizer que existe uma tendência na liderança de centralizar em si as diversas demandas do ministério e ver a si próprio como alguém à parte dos demais membros do corpo de Cristo.

Hans Finzel traça a distinção entre dois tipos de liderança: a ditatorial e a influenciadora. Ele demonstra que a liderança ditatorial acumula decisões e responsabilidades que são exercidas de maneira solo, enquanto a liderança influenciadora delega responsabilidades e envolve pessoas no serviço do ministério, seguindo o ensino de Efésios 4.11-16.[30] De acordo com essa passagem, aqueles que exercem a liderança na igreja devem ter como objetivo o aperfeiçoamento e capacitação dos seus liderados, para que estes também estejam envolvidos no serviço cristão, resultando na edificação do corpo de Cristo.

Dessa forma, líderes que centralizam não cooperam para o desenvolvimento de seus liderados, impedindo-os de servir e serem úteis na edificação da Igreja de Cristo. Além disso, líderes centralizadores possuem grande dificuldade de admitir seus limites, o que geralmente redunda em grande desgaste físico e emocional tanto para o líder quanto para aqueles que estão ao seu redor.

Ao tratar sobre isso, Paul Tripp aborda quatro áreas de limites que um líder deve reconhecer: 1) dons limitados, 2) tempo limitado, 3) energia limitada, e 4) maturidade limitada. Ele conclui que tais limites, estabele-

---

29 John C. Maxwell. *As 21 indispensáveis qualidades de um líder* (São Paulo: Mundo Cristão, 2000), p. 65.

30 Hans Finzel. *10 Erros que um líder não pode cometer* (São Paulo: Vida Nova, 1997), p. 78-92.

cidos pelo próprio Deus, devem conduzir o líder a uma humilde dependência de Deus e dos irmãos em Cristo.[31]

Além da centralização, líderes podem cair no perigo do isolamento, vendo a si mesmos como pessoas não necessitadas do ministério da igreja. Por estarem na função de liderança, muitos passam a acreditar que não precisam da mutualidade do corpo de Cristo, deixando de orar uns pelos outros (Tg. 5.16), encorajar uns aos outros (Hb. 3.14), e aconselhar uns aos outros (Cl. 3.16).

A passagem de Hebreus 3.12-13 afirma: "Tende cuidado, irmãos, jamais aconteça haver em qualquer de vós perverso coração de incredulidade que vos afaste do Deus vivo; pelo contrário, exortai-vos mutuamente cada dia, durante o tempo que se chama Hoje, a fim de que nenhum de vós seja endurecido pelo engano do pecado". Com base neste texto, Paul Tripp adverte e questiona:

> Isso significa que pastores que se convencem de que são capazes de viver fora do sistema regular de ajuda e proteção de Deus estão correndo perigo de se tornarem cada vez mais cegos e duros de coração... Como podemos realisticamente esperar que alguém, no meio do processo de santificação, sobreviva fora de um dos meios divinos mais importantes de aprendizado e crescimento pessoal e ao mesmo tempo ser espiritualmente sadio? [32]

Dessa forma, líderes cristãos precisam constantemente se lembrar de que são membros de um Corpo, e que o crescimento, tanto deles quanto dos demais membros desse Corpo, exige uma dependência mútua e não uma vivência isolada e centralizadora por parte do líder.

Por isso, líderes sábios evitarão o isolamento e buscarão um relacionamento de prestação de contas com outros cristãos maduros. Líderes precisam de companheiros com quem possam compartilhar suas lutas e alegrias, seus sonhos e frustrações. Líderes precisam de pessoas que oram

---

31 Paul Tripp. *Sé Líder: 12 principios sobre el liderazgo em la iglesia* (Nashville: B&H Publishing Group, 2021), p. 51-59.
32 Paul Tripp. *Vocação perigosa: os tremendos desafios do ministério pastoral* (São Paulo: Cultura Cristã, 2014), p. 63, 67.

por sua vida devocional, familiar, financeira etc. Líderes precisam de pessoas que o estimulem à santidade e que tenham liberdade para exortá-los e corrigi-los quando necessário.

Portanto, a falta de prestação de contas é extremamente danosa para a vida de um líder, e não somente dele, mas de todo o grupo que ele lidera, pois, a arrogância de acreditar que não precisa de outros para o seu crescimento revela o distanciamento não apenas das pessoas, mas também do próprio Senhor.

Conclusão

Muitos outros perigos que ameaçam a liderança cristã poderiam ser alistados, creio, porém, que estes perigos sejam os mais comumente presentes na vida de um líder. Ao listar estes perigos, meu objetivo é que você, líder, esteja pronto para sondar o seu coração, avaliando quais perigos estão presentes em sua vida e ministério, e rogando a graça do Senhor para combatê-los, servindo ao Senhor com excelência.

Por exemplo, se você detectou que orgulho e poder são perigosos em seu ministério, rogue ao Senhor por humildade e espírito de servo, se dispondo a servir mais as pessoas que estão ao seu redor. Ou, se você está notando que sua devoção a Deus tem diminuído, elabore um plano de oração e meditação bíblica, visando revitalizar sua vida devocional.

Bill Lawrence está correto quando afirma: "o coração do líder é o coração da liderança"[33], ou seja, para que alguém se torne um líder que impacta vidas, de acordo com a vontade de Deus, o primeiro passo é a mudança no seu próprio coração. Meu desejo é que o Senhor continue moldando o seu e o meu coração, nos tornando líderes segundo o coração dele!

---

33 Bill Lawrence. *Developing the Leader's Heart: how Jesus Shaped 12 men in 3 years to Change the World* (Franklin – TN, Carpenter's Son Publishing, 2019), p. 9.

Para você refletir

1. *Como está sua devoção ao Senhor? É possível que você esteja trocando seu relacionamento com Deus pelo serviço no ministério?*

2. *A autossuficiência e orgulho estão presentes em sua liderança? É possível que você esteja acreditando mais em seus métodos do que na soberania de Deus?*

3. *Você tem sido tentado pela tríade que Satanás geralmente utiliza (dinheiro, poder e sexo)? O que você tem feito para lutar contra essas tentações em sua vida e ministério?*

4. *Como você caracteriza a sua liderança? Ela se assemelha mais ao modelo ditatorial ou influenciadora?*

5. *Você está atento aos perigos presentes em seu próprio coração? Está disposto a fazer uma autoanálise honesta e regular para que sua vida e liderança sejam aperfeiçoadas?*

CAPÍTULO 3

LIDERANÇA CRISTOCÊNTRICA

Adilson da Silva Cruz

Desde a primeira vez em que me deparei com a palavra "cristocêntrica", há mais de dez anos, minha perspectiva em relação à minha vida e aos acontecimentos ao meu redor mudou completamente. Compreender que Cristo é o modelo e a motivação em todas as esferas do cristianismo abre nossa mente e gera uma reflexão transformadora.

A realidade é que a igreja de Deus clama desesperadamente por uma liderança cristocêntrica. No entanto, lamentavelmente, o secularismo tem influenciado os líderes eclesiásticos, desviando-os dos padrões que Cristo deseja para seus fiéis servos. A carência de líderes centrados em Cristo resulta em uma lacuna significativa na igreja. Infelizmente, essa situação gera vazios ministeriais preenchidos por líderes não qualificados e despreparados, que estão distantes de adotar Cristo como o propósito principal de suas vidas.

Um ministério forte e fundamentado na Bíblia precisa estar alicerçado nos ensinamentos de Jesus. No ministério que busca agradar ao Senhor, é essencial que seu líder seja submisso à vontade de Jesus. Dessa forma, naturalmente, toda a dinâmica ministerial seguirá um padrão inteiramente bíblico.

Indiscutivelmente, todas as pessoas têm os seus modelos nos quais procuram se espelhar e se inspirar, mas para o cristão, o modelo primordial é Cristo. O trono de nossas vidas deve ser governado por Jesus. Quando seguimos fielmente esse exemplo e somos motivados pelo nosso grande Mestre, elevamos nosso ministério e nossa vida para um nível cristocêntrico. Ser cristocêntrico significa colocar Cristo no centro de nossa vida e liderança, de modo que Jesus seja nosso modelo e motivação para liderar e viver.Parte superior do formulário

1. Cristo é o modelo

O modelo de Cristo, conforme retratado nas Escrituras, possui a capacidade de moldar tanto o líder quanto o seu ministério. Jesus, além de ser nosso Senhor e Salvador, representa o nosso grande exemplo a ser seguido.

O apóstolo Paulo é particularmente enfático ao exortar a igreja de Corinto a imitá-lo assim como ele imita Cristo (1Coríntios 11.1). O eminente líder, Paulo, cuja influência abrangeu diversas comunidades cristãs, tinha claramente arraigado em seu entendimento que Jesus constituía o paradigma ideal para todos os seguidores da fé. Liderar à semelhança de Paulo equivale a liderar à semelhança de Cristo.

Em Filipenses 3.17, encontramos a instrução: *"Irmãos, sigam unidos o meu exemplo e observem os que vivem de acordo com o padrão que lhes apresentamos"*. Novamente, ressalta-se a ideia de imitar o exemplo de Paulo, porém agora é acrescentada a observação daqueles que também seguem essa mesma trajetória. A prática de seguir o exemplo de Cristo não é restrita ao apóstolo Paulo, mas sim, é uma missão bíblica para todos os cristãos.

Na mesma epístola à igreja de Filipos, o autor deixa claro que nossa atitude deve espelhar a de Cristo Jesus, conforme é mencionado em Filipenses 2.5. Ao contextualizar essa afirmação impactante, percebe-se que Jesus se esvaziou da sua igualdade com Deus para se tornar humano. O apóstolo Paulo afirma, categoricamente, apesar de ser humano, Cristo continua sendo divino. Através do desenrolar das Escrituras, esse ensinamento é ressaltado de maneira explícita, apresentando Jesus como simultaneamente plenamente humano e plenamente Deus.

O propósito profundo por trás desse ato de autoesvaziamento foi o de prestar serviço à humanidade e se sacrificar na cruz, a fim de quitar o elevado custo dos pecados. Jesus, apesar de ser o Senhor, empregou seu poder não em busca de vantagens pessoais, mas para socorrer os necessitados.

A humildade de Cristo é revelada desde o momento que decidiu se humilhar, tornando-se homem em favor da humanidade caída. Em Filipenses, especificamente no capítulo 2, o apóstolo Paulo utiliza quatro exemplos de humildade (2.5, 17, 20 e 30), mas o primeiro é bem impactante, porque refere-se ao exemplo do nosso Salvador. Bruce diz que o exemplo de Cristo é sempre o argumento supremo de Paulo na exortação ética, principalmente quando se trata do interesse altruísta pelo bem-estar do próximo.[34]

O líder deve internalizar que Cristo representa o modelo supremo a ser seguido. Uma liderança egoísta apenas conduz o líder a se alinhar com padrões mundanos, afastando-o do ideal divino. A característica distintiva de um líder centrado em Cristo é o altruísmo, que deve brilhar de forma proeminente.

O termo grego "ταπεινοφροσύνη" (*tapeinophrosyne*) que é utilizado para descrever humildade é uma palavra que o cristianismo adotou e deu um novo significado. Ralph Martin diz que "humildade" era uma expressão de opróbrio no pensamento clássico grego, tendo conotações de "servilismo", como nas atitudes de um homem vil, ou de um escravo.[35] Lightfoot diz que é praticamente um consenso entre os escritores gregos que "humildade" tem um significado negativo.[36]

O líder que quer buscar seguir o modelo de Cristo vai ser diferente do que a sociedade espera. A despeito de muitos discordarem quanto à necessidade de humildade por parte de um líder, a Bíblia deixa claro que a humildade não é uma escolha, mas um mandato divinamente decreta-

---

34 F.F. Bruce, Novo comentário bíblico contemporâneo: Filipenses (São Paulo: Editora Vida, 1992), p. 73.

35 Ralph P. Martin, Filipenses: Introdução e comentário (São Paulo: Editora Vida Nova, 1985), p. 102.

36 Joseph Lightfoot. Paul's Epistle to the Philippians (1873) p. 107.

do para o seu povo. O líder deve estar pronto para trilhar um caminho oposto ao do secularismo e estar disposto a pagar o preço por aderir a um estilo de vida que se pauta pelas Escrituras.

Ainda dentro do contexto do capítulo 2 de Filipenses, torna-se evidente que o efeito direto da humildade é a concretização da plena unidade. O líder verdadeiramente humilde tem a capacidade de unir a sua equipe, fazendo da unidade uma marca distintiva. Em contrapartida, o egoísmo e a arrogância apenas afastam as pessoas, evidenciando que o líder está focado exclusivamente em si mesmo. Na igreja de Deus, não há espaço para uma mentalidade imperialista fundamentada no egocentrismo.

O apóstolo Paulo define com clareza o propósito de todos os cristãos ao escrever para igreja de Roma: "Sabemos que Deus age em todas as coisas para o bem daqueles que o amam, dos que foram chamados de acordo com o seu propósito. Pois aqueles que de antemão conheceu, também os predestinou para serem conformes à imagem de seu Filho, a fim de que ele seja o primogênito entre muitos irmãos" (Romanos 8.28-29). O eterno propósito de Deus em nossa vida não é nos dar status, fama e riquezas, mas nos tornar semelhantes a Jesus. O sucesso do líder cristocêntrico está em sua busca por atingir a plenitude da estatura de Cristo, abstendo-se do padrão do mundo. O propósito do Senhor vai além de nos salvar, seu propósito é nos transformar segundo imagem de seu Filho. Nosso destino não é apenas a glória celestial, mas a semelhança ao dono de toda glória e honra.

Marcos 10.45 expressa: *"Pois nem mesmo o Filho do Homem veio para ser servido, mas para servir e dar a sua vida em resgate por muitos"*. Cristo causa um impacto profundo em seus ouvintes com essas palavras, já que a sociedade daquela época, incluindo os próprios doze discípulos, não estava familiarizada com a noção de liderança baseada no servir. Lamentavelmente, muitas pessoas aspiram a cargos de liderança com o objetivo de desfrutar do serviço prestado por seus subordinados, ao invés de se dedicarem a servir aos outros.

Os discípulos de Jesus estavam equivocados ao admirarem e seguirem exemplos errados. Eles vislumbravam a glória e o poder dos líderes da época, especificamente os romanos, e se esqueceram do modelo proporcionado pelo seu próprio Mestre. Os discípulos, assemelhando-se a muitas pessoas na contemporaneidade, ansiavam por conquistar alta posição e autoridade, a fim de ostentar o poder.

Nessa mesma linha de pensamento, Dewey Mulholland observa que o exercício do controle sobre as pessoas é o alicerce sobre o qual se ergue a estrutura da dominação. Com frequência, a dominação é aplicada em benefício daqueles que estão no papel dominante.[37]

O líder cristocêntrico compreende que a verdadeira grandeza reside no serviço. A grandiosidade se manifesta ao se colocar a serviço dos outros, em vez de buscar ser servido. Jesus, ao instruir seus discípulos, utiliza a palavra grega "δοῦλος" (doulos), que se traduz como "escravo". Aquele que deseja ser o primeiro deve ser "doulos" de todos (Marcos 10.44). Esses princípios ensinados por Cristo ganham vida ao longo de seu ministério.

Os discípulos tinham um exemplo concreto diante deles, no entanto, estavam sintonizados com os padrões seculares. Cegados espiritualmente, não percebiam que Jesus não apenas era o Mestre, mas também se colocava na posição de escravo de todos. As atitudes e ensinamentos de Jesus contrastavam com as intenções dos discípulos.

Jesus é o Criador, o detentor e o soberano do universo. Contudo, em um momento específico, ele tomou uma toalha e lavou os pés de seus discípulos. Lavar os pés era uma atribuição reservada aos escravos. Ao realizar esse gesto, Jesus instruiu seus seguidores sobre a essência do liderar com base em Cristo: a servidão ao próximo. Ele veio para servir e não para ser servido. É de suma importância que um líder seja percebido como um servo disposto a se dedicar a Deus e às pessoas, evitando desperdiçar esforços em servir a si mesmo.

Para Jesus, o modelo de liderança supremo está intrinsecamente vinculado ao serviço. Em nenhum momento, Jesus se entregou ao egoísmo a ponto de buscar satisfazer a si mesmo durante sua convivência com os

---

37 Dewey M Mulholland, Marcos: Introdução e comentário (São Paulo: Editora Vida Nova, 2005), p. 167.

discípulos. Em João 6.38, ele afirma: *"Porque eu desci do céu, não para fazer a minha própria vontade, e sim a vontade daquele que me enviou".* Jesus foi um servo dedicado à missão confiada por seu Pai Celestial e nunca se arrogou a criar sua própria trajetória.

Os líderes egoístas estão conduzindo suas ações em torno de suas próprias agendas, perdendo de vista a missão genuína. O egoísmo mergulha o líder em sombras e o desvia da missão clara delineada nas Escrituras, causando um impacto prejudicial em toda a dinâmica ministerial. É necessário recordar que a igreja não é propriedade do líder, mas sim pertence ao Senhor Jesus, que transcende em muito qualquer ser humano.

O líder cristocêntrico guia de modo a transmitir a impressão de que seus seguidores estão sendo conduzidos por Cristo. Jesus não adotou uma postura ditatorial, apenas impondo regras, tampouco foi excessivamente liberal, ignorando todas as normas. Cristo orientou seus discípulos de tal forma que a glória do Pai se refletisse em sua liderança. A liderança centrada em Cristo deixa evidente que toda a glória é dada a Deus.

Um líder só conseguirá desenvolver uma liderança verdadeiramente centrada em Cristo quando permitir que Cristo reine em sua vida e se torne o seu único modelo. Ministérios conduzidos por líderes que aspiram seguir Cristo em sua totalidade são aqueles que deixam uma marca profunda neste mundo em meio à escuridão, tendo como propósito a glorificação daquele que nos convocou a servir conforme Sua palavra.

2. Cristo é a motivação

Além de Cristo ser o modelo ideal, é necessário que Jesus seja a motivação central na vida do líder. A motivação é um elemento indispensável em todas as facetas da vida de um cristão. Sem a motivação adequada, as ações dos líderes perdem a sua justificativa para serem executadas. O indivíduo cristão necessita possuir um propósito sólido, pois sem ele, não haverá suficiente dedicação ou interesse para agir. De fato, este motivo essencial já foi apresentado a todos os líderes e é chamado pelo nome de Jesus, o Cristo.

Líderes que se encontram desprovidos de motivação correta inevitavelmente conduzirão seus ministérios sob um véu de desânimo e apatia. A essência dessa desmotivação muitas vezes reside em desviar o olhar de Cristo e de sua obra redentora, direcionando nossa esperança a coisas efêmeras e transitórias.

A verdade é que, quando os líderes perdem a conexão profunda com a mensagem transformadora de Cristo, o propósito que deveria impulsionar suas ações se enfraquece. Ao transferir a atenção para objetivos fugazes e terrenos, a chama da motivação se apaga, deixando um vazio de significado em suas atividades.

É possível que ao ler este livro, você se identifique como um líder que está enfrentando desânimo. Esse sentimento pode ser originado por uma série de motivos, como a constante batalha contra o pecado, a falta de pessoas para compartilhar o fardo do ministério, a escassez de recursos, a ausência de excelência e compromisso por parte daqueles que você lidera, a falta de resultados tangíveis, a exaustão após um longo período de serviço solitário, a intensidade de uma perseguição severa ou mesmo a carência de apoio no ministério.

No entanto, é possível que a verdadeira causa do seu desânimo não esteja diretamente ligada a nenhum desses fatores. Independentemente da origem desse sentimento, é importante compreender que em Cristo encontramos a motivação genuína para servir a Deus sem perder a alegria e o entusiasmo.

É válido reconhecer que as adversidades e desafios fazem parte do caminho de liderança, mas em meio a todas essas dificuldades, a mensagem de esperança que Cristo oferece permanece constante. Ele não apenas compreende nossos fardos e lutas, mas também nos capacita a enfrentá--los com coragem e determinação.

Ao fixar nossos olhos na obra redentora de Cristo, somos lembrados do propósito mais elevado que nos guia. Esse propósito transcende as circunstâncias e nos permite encontrar significado e motivação mesmo nos momentos mais difíceis. Portanto, enquanto líder, é fundamental buscar constantemente a renovação da sua motivação através da conexão profunda com Cristo, permitindo que a alegria e o entusiasmo que emanam dessa ligação impregnem cada aspecto do seu serviço a Deus e ao próximo.

Em João 16.33, encontramos as palavras de Jesus: "Eu lhes disse essas coisas para que em mim vocês tenham paz. Neste mundo vocês terão aflições; contudo, tenham ânimo! Eu venci o mundo", Nesse trecho, Cristo está se despedindo de seus discípulos. Após lhes transmitir palavras firmes e alertá-los sobre os desafios que enfrentarão, Jesus direciona um discurso de consolo e encorajamento.

Ao seguir a orientação do Mestre, podemos concluir que a jornada terrena está repleta de aflições dolorosas. No entanto, é imperativo mantermos nossa firmeza e cultivarmos um ânimo positivo. O motivo para tal confiança advém do fato de que nosso Senhor e Salvador já triunfou sobre as adversidades deste mundo implacável.

O mundo, com todas as suas complexidades, oferece uma série de experiências que podem gerar dor, tristeza, desânimo e aflições. No entanto, João enfatiza de maneira clara que é em Cristo que encontramos a fonte de ânimo e paz. Nesse sentido, a mensagem de Cristo transcende as dificuldades mundanas e nos capacita a enfrentar os desafios com esperança renovada.

Portanto, quando refletimos sobre essas palavras, somos lembrados de que, mesmo em meio às tribulações, podemos permanecer firmes e confiantes. A vitória de Cristo é nossa âncora, e é nela que encontramos força para enfrentar as adversidades com determinação e alegria.

Sem dúvida, todo líder que mantém sua motivação em Cristo tem motivo para vencer o mundo e preservar sua alegria inabalável. O ânimo proporcionado por Jesus é inesgotável, constantemente transbordante e, o melhor de tudo, acessível a cada líder cristocêntrico!

A observação que William Hendriksen faz sobre João 16.33 é magnifica: *"É certamente fabuloso que neste exato momento, quando o Homem de Dores conclui seu discurso final no Cenáculo, um pouco antes de trilhar o vale escuro da morte, ele se dirige a seus discípulos com estas palavras notáveis,*

Tenham bom ânimo"[38] Este privilégio não se resume apenas aos discípulos, mas se estende a todos os líderes e cristãos que são motivados por Cristo.

Os cristãos precisam recordar o convite singularmente apresentado no Evangelho de Mateus: "Venham a mim, todos os que estão cansados e sobrecarregados, e eu lhes darei descanso. Tomem sobre vocês o meu jugo e aprendam de mim, pois sou manso e humilde de coração, e vocês encontrarão descanso para as suas almas. Pois o meu jugo é suave e o meu fardo é leve" (Mateus 11.28-30). Embora o convite de Jesus seja inicialmente direcionado àqueles que estavam sofrendo sob o peso opressivo do legalismo promulgado pelos fariseus, é notável que essa convocação se estende e abrange a totalidade da comunidade cristã. Com efeito, é um fato inegável que em algum momento, todo cristão respondeu afirmativamente a esse apelo de Cristo.

O líder centrado em Cristo compreende que Jesus está pronto para aliviar o fardo opressivo do desânimo e da falta de motivação. Em Cristo, encontramos a estabilidade necessária para um descanso genuíno. Infelizmente, o pecado tem levado muitos líderes a desistirem de servir ao Senhor; no entanto, essa consequência é evitável, pois o magnífico convite de Cristo muitas vezes é relegado ao esquecimento. Aqueles que se aproximam de Jesus descobrem um verdadeiro refrigério para suas almas, capacitando-os a carregar um jugo leve e suave.

Vale lembrar que não merecíamos um convite tão especial, mesmo assim, Cristo fez o nosso coração transbordar de gratidão. O convite feito pelo Deus todo-poderoso e glorioso é mais do que suficiente para moldar e motivar nossa maneira de liderar.

Como é bom saber que em meio a qualquer momento de tensão podemos recorrer ao nosso Deus que habita em nossos corações. João registra as seguintes palavras de Jesus: *"E eu rogarei ao Pai, e ele vos dará outro Consolador, para que fique convosco para sempre; O Espírito de verdade, que o mundo não pode receber, porque não o vê nem o conhece; mas vós o conheceis, porque habita convosco, e estará em vós"* (João 14.16-17). O foco

---

38 William Hendriksen, Comentário do Novo Testamento: João (São Paulo: Editora Cultura Cristã, 2004), p.748

do capítulo 14 é o consolo, e de maneira profundamente graciosa, Jesus revela aos seus discípulos que eles terão o Consolador permanentemente. O Espírito Santo está destinado a permanecer com eles ininterruptamente. Nas ocasiões mais dolorosas, Ele lhes proporcionará consolo; em meio à confusão, Ele lhes guiará. Quando a fraqueza se instalar, Ele infundirá poder. E nos momentos de incerteza, Ele fortalecerá a fé na verdade.

Jesus inspira seus discípulos ao introduzir o papel do Consolador e ao destacar que eles não enfrentarão a jornada sozinhos. É uma certeza inabalável que na obra do Senhor ninguém caminha solitário. O líder que coloca Cristo no centro precisa internalizar essa verdade, encarando os desafios do ministério com uma mistura de fervor e audácia. Compreender que o próprio Senhor estará ao nosso lado deve ser motivo mais que suficiente para infundir ânimo e nos motivar a seguir os passos de Cristo com coragem.

A pressão e as dificuldades têm desencadeado um enfraquecimento na motivação de muitos líderes. No entanto, é crucial reconhecer um fato de significância vital: as prometidas bênçãos do Novo Céu e da Nova Terra desempenham um papel determinante no enfrentamento desse declínio. O texto de Apocalipse 21.1-8 irradia com as benesses que os cristãos aguardam no esplendoroso domínio celestial. O céu, sendo um local totalmente novo e magnífico, aguarda exclusivamente aqueles que em algum momento reconheceram Cristo como Senhor e Salvador de suas vidas. O Novo Céu e a Nova Terra se erguerão como um presente amoroso de Deus a Seus filhos.

No céu, não existe espaço para o pecado, e a decadência moral será algo inimaginável. O Senhor meticulosamente preparou um lugar desprovido de dor, lágrimas e luto. Todos os sofrimentos que nós, líderes, experimentamos ao servir a Deus encontrarão sua cura definitiva nesse reino celestial. E, acima de tudo, é imperativo enfatizar que no céu desfrutaremos da eterna e inalterável presença de Deus, sem qualquer influência do pecado. O céu será a grandiosa celebração do matrimônio entre Cristo e Sua Igreja, marcando a plena concretização de Sua gloriosa vitória.

Pedro orienta a Igreja a aguardar o momento quando desfrutará do Novo Céu e da Nova terra (2Pedro 3.13). O líder cristocêntrico é motivado pela segurança futura que está garantida em Cristo. A chave para não se desanimar é olhar para um futuro eterno que aguarda todos os salvos em Cristo Jesus.

De fato, é notório que muitas pessoas enfrentam desânimo, uma vez que a cruz por si só não se mostra suficiente para impulsioná-las. No entanto, Cristo possui a abordagem exata para despertar nos líderes a motivação adequada.

Conclusão

Indubitavelmente, ao seguir o modelo de Cristo, todo líder é capacitado a guiar seu ministério de maneira centrada em nele, encontrando motivação adequada e seguindo o seu supremo modelo. Em resumo, o líder cristocêntrico é comparável a uma marionete nas mãos de um habilidoso marionetista chamado Jesus, sendo guiado pelos fios da Palavra de Deus. A passagem em Gálatas 2.20 ressoa: "Fui crucificado com Cristo. Assim, já não sou eu quem vive, mas Cristo vive em mim. A vida que agora vivo no corpo, vivo-a pela fé no Filho de Deus, que me amou e se entregou por mim". Tal é o entendimento partilhado por todos os líderes centrados em Cristo: eles reconhecem que foram crucificados com ele, e como tal, não há mais justificativa para viver segundo os padrões da vida anterior. Em vez disso, esses líderes se deleitam na nova posição que possuem, demonstrando que Cristo Jesus exerce total domínio sobre seu novo modo de viver e liderar.

Indiferente do tipo de ministério, a meta permanece imutável: estar profundamente enraizado em Jesus Cristo. O líder tem um objetivo claro e definido: guiar tanto o ministério quanto as pessoas em direção à cruz, a fim de que a glória resultante de seus esforços seja destinada exclusivamente ao Senhor.

A verdadeira liderança centrada em Cristo se manifesta plenamente quando o líder se empenha em trilhar os passos de Cristo e mantém constantemente a visão de que a autêntica motivação emana somente

Dele. Cristo é a fundação que estabelece um alicerce sólido e duradouro para nossos ministérios, sendo edificado por meio de Sua Palavra.

Que o brilho de Jesus irradie por meio da sua liderança deixando uma marca inesquecível nas vidas das pessoas. Execute o ministério que o Senhor confiou a você com base no próprio padrão exemplar de Cristo. Não permita que o desânimo se instale! Mantenha-se firme e confie inabalavelmente nas magníficas promessas que Deus formulou. Seu chamado é grandioso, e através da sua dedicação e fé, você moldará um caminho de transformação e inspiração. O mundo anseia por líderes como você, que não apenas falam de Cristo, mas que o espelham em cada ação, palavra e atitude. Avance com determinação, pois você é um canal do amor e da graça de Deus neste mundo ávido por luz e esperança.

Para você refletir

1. *Quais áreas têm sido obstáculos em sua busca por seguir o modelo exemplar de Jesus?*

2. *A sua conduta e liderança refletem a presença de Cristo de maneira evidente para as pessoas ao seu redor? Caso contrário, o que acredita ser a razão para isso?*

3. *Quais medidas você identifica como essenciais para aprimorar a abordagem centrada em Cristo no ministério que você lidera?*

4. *Como tem buscado encontrar motivação através de Cristo? Enumere situações que possam desencadear desânimo e, mediante a oração, busque a orientação divina para lidar com cada uma delas.*

5. *Além das dificuldades externas, quais são as batalhas internas que você enfrenta ao tentar manter sua liderança cristocêntrica? Como pode se fortalecer para vencer essas batalhas?*

CAPÍTULO 4

O LÍDER QUALIFICADO

Ronnie Petterson Evaristo dos Santos

Qualificação é essencial na vida de um líder. No entanto, se faz necessário definir o que é ser qualificado, como alguém pode se qualificar e quais são as qualidades que devem ser perceptíveis em alguém que exerce o papel de líder, independentemente da esfera da sua liderança.

Liderar não é apenas desejar estar à frente de um cargo, mas se trata de um chamado feito por Deus quando ele outorga dons e talentos e prepara o líder a viver e realizar tal feito, quer na vida pessoal ou na ministerial.

1. O que é ser um líder?

A definição de um termo geralmente diz o que ele é em si e para onde ele aponta. De acordo com Houaiss[39], líder é o indivíduo que tem autoridade para comandar ou coordenar outros; pessoas cujas ações e palavras exercem influência sobre o pensamento e comportamento de outras.

No contexto bíblico, a definição de líder pode ser plenamente compreendida pelas palavras de Oswaldo Sanders, quando diz:

"O líder espiritual influencia os outros não apenas pelo poder da sua própria personalidade, mas, pela personalidade irradiada, interpenetrada e fortalecida pelo Espírito Santo. Visto que ele per-

---

39 Antônio Houaiss, Mauro de Salles Villar. Dicionário Houaiss da língua portuguesa. Elaborado pelo Instituto Antônio Houaiss de Lexicografia e Banco de Dados da Língua Portuguesa S/C Ltda. (Rio de Janeiro: Objetiva, 2009).

mite que o Espírito tome o controle integral da sua vida, o poder desse Espírito pode fluir livremente através dele, para os outros".[40]

O que Sanders está dizendo é que nenhum líder bíblico tem a capacidade de ser influente na vida de outra pessoa, senão pela ação do Espírito Santo que o capacita a tal feito. Portanto, nenhuma pessoa tem a competência em si mesma de alcançar o nível de liderança que agrada a Deus por seus próprios méritos.

2. O que significa ser qualificado para a liderança?

Segundo Houaiss[41], qualificado significa "que se qualificou; dotado de atributos; que cumpriu as exigências ou pré-requisitos para alguma coisa; habilitado". Essa definição aponta mais para o esforço humano para se autoqualificar. É natural que seja assim, pois ao se tratar das qualificações espirituais, isso não seria possível de se alcançar sem a regeneração espiritual da pessoa e ação de Deus na vida dela.

No aspecto bíblico, o termo qualificado vem do verbo qualificar, que significa se tornar apto, preparado ou adequado[42]. Nesse âmbito, a dinâmica da qualificação passa pela ação de Deus aperfeiçoando seus filhos para liderar o seu povo, ao mesmo tempo em que os chama para a santidade. Os textos abaixo demonstram que há exigências para que alguém seja qualificado biblicamente (Êx. 18.21-22; At. 6.1-6; 1Tm. 3.1-13; 2Tm. 2.1-13; Tt. 1.5-9, e 1Pe. 5.1-5), mas o Senhor é o mais interessado em produzir tais qualidades na vida daqueles que irão exercer liderança entre o povo dele.

---

40 J. Oswald Sanders. Liderança espiritual. Tradução Oswaldo Ramos (São Paulo: Mundo Cristão, 1985), p. 21.

41 Antônio Houaiss, Mauro de Salles Villar. Dicionário Houaiss da língua portuguesa. Elaborado pelo Instituto Antônio Houaiss de Lexicografia e Banco de Dados da Língua Portuguesa S/C Ltda. (Rio de Janeiro: Objetiva, 2009).

42 Rick Brannan, org., Léxico Lexham do Novo Testamento Grego (Bellingham, WA: Lexham Press, 2020).

3. Como estar qualificado para servir como líder?

Um exemplo claro do processo de qualificação de um líder é explicitado nos relatos descritos no livro de primeiro Samuel. Ali encontramos um contraste quanto à maneira como Saul e Davi foram separados para servirem como líderes (reis). Saul foi separado segundo à perspectiva humana, e Davi, segundo Deus.

Quanto ao rei Saul, o povo olhou para o exterior do homem (1 Sm. 9.1), vendo toda sua robustez, beleza, ímpeto e até recursos financeiros do pai. Fica evidente que a decisão do povo era meramente segundo o desejo imediato de ter um rei, de acordo com a sua própria avaliação e escolha, seguindo o modelo das nações ao redor e não conforme Deus. O próprio profeta Samuel confirmou que o processo foi simplesmente humano (1Sm. 12.1-2a, 13). Portanto, a escolha para uma liderança bíblica não deve ser segundo o que o homem deseja, nem instituída conforme o padrão determinado por ele mesmo, pois estará fadada ao fracasso.

Quanto ao rei Davi, a decisão quanto à sua escolha como líder começou e terminou em Deus (1Sm. 13.14). Quando Saul desobedeceu, o Senhor procurou um novo líder, baseado não em aspectos físicos, mas segundo o seu coração. Isso se deu quando Deus enviou Samuel à casa de Jessé para ungir o escolhido, segundo os critérios divinos e não humanos (1Sm. 16.1-13).

É muito comum procurar perceber em alguém com potencial para liderança aquelas indicações de que a pessoa é dotada de algum talento ou habilidade, tais como: intelectualidade diferenciada ou mais disposição do que outras para enfrentar questões difíceis. Não significa que tais características não sejam importantes, mas na verdade, não são preponderantes para o aspecto de liderança, especialmente no contexto espiritual. Concordo com Sanders quando afirma: "As verdadeiras qualidades do líder hão de ser encontradas naqueles que estão dispostos a sofrer por amor a seus objetivos, os quais são suficientemente grandes para exigir obediência"[43].

A liderança bíblica não pode ser outorgada simplesmente por escolhas humanas, como eleições, nomeações unilaterais ou decisões de um grupo eclesiástico. Essas escolhas podem acontecer, não como algo definidor, mas como confirmação daquilo que é prerrogativa do Soberano, ou seja, uma ação direta e imperativa do próprio Deus. Como também não significa que se alguém assume uma função de líder ou se participa de treinamentos de liderança seja de fato chamado para liderar. De fato, o desenvolvimento de um líder se dá quando o próprio Deus encontra na pessoa o desejo e o direcionamento pelo seu Reino em primeiro lugar, quando seu olhar alcança alguém que está seguindo na direção de se qualificar cada vez mais para ser instrumento do Senhor na caminhada da vida. Mas quais são algumas qualidades necessárias na vida da pessoa a quem Deus deseja usar como líder entre o seu povo?

4. Quais são algumas características essenciais de um líder qualificado?

É intrinsecamente necessário a uma pessoa que está sendo direcionada para a função de líder, ou que já está exercendo tal função, que determinadas características ou qualificações sejam observadas em sua maneira de viver, quer de forma já estabelecida ou em desenvolvimento. É óbvio que em algumas pessoas essas características são natas, outras precisam desenvolver, se qualificarem, porém, tudo é fruto da graça de Deus para o ser humano, tornando-o hábil para a missão de liderança. Vejamos abaixo aquelas qualidades que eu considero essenciais.

---

43 J. Oswald Sanders. Liderança espiritual. Tradução Oswaldo Ramos (São Paulo: Mundo Cristão, 1985), p. 13.

A. Integridade

Integridade é algo bem maior do que sinceridade ou simples hones-tidade. Concordo com Lidório quando afirma que: "Integridade é um termo que está ligado à inteireza. Vem do latim *integritas*, que se aplica à retidão, à santidade e a um espírito irrepreensível"[44].

Integridade vai além de convicções egoístas que deixam um líder na inércia, soberbo ou autoritário. Pelo contrário, a integridade leva o líder a desejar a transformação, baseado na certeza de valores eternos que pro-movem reflexões que geram maturidade espiritual. Pois, o líder enfrenta muitas situações em sua trajetória, às vezes boas e às vezes difíceis, mas a certeza do chamado e segurança encontrada em Deus e na sua palavra o leva à santificação progressiva, crescendo dia após dia em integridade.

No processo de santificação, sabemos que Deus promove ou permite provas em nossas vidas, visando o nosso progresso espiritual. Em Tiago 1.2-4, somos ensinados sobre essa verdade: "Meus irmãos, considerem motivo de grande alegria o fato de passarem por diversas provações, pois vocês sabem que a prova da sua fé produz perseverança. E a perseverança deve ter ação completa, a fim de que vocês sejam maduros e íntegros, sem lhes faltar coisa alguma". O texto sagrado ajuda a entender que as provas da vida contribuem para o crescimento da integridade cristã. Esse entendimento pode ajudar o líder a ter convicção quanto ao cuidado e a direção do Senhor para ele e ao povo de Deus, mesmo quando tudo parece difícil.

Um líder bíblico terá sua integridade alicerçada na verdade de Deus de maneira que não cogita negociá-la, ainda que seja sob o risco de per-der seu ministério ou até mesmo a vida. Convicto e moldado pelas Es-crituras que lhe conduzem à integridade, esse líder age conforme toda a instrução recebida, como diz Mateus 5.37: "Seja o seu 'sim', 'sim', e o seu 'não', 'não'; o que passar disso vem do Maligno". Portanto, a ideia aqui é se manter em integridade de vida, na dependência de Deus, para

---

44 Ronaldo Lidório, Liderança e integridade (Belo Horizonte: Betânia, 2008), p. 13.

sustentar a verdade e confrontar a mentira, não importando o que possa acontecer.

B. Equilíbrio

Outra qualidade importante para o líder é o equilíbrio. Isso me leva a concordar com o que diz Paul Tripp em sua definição desse termo: "O que é equilíbrio? É tudo que está em seu lugar correto fazendo o que se suponha que deveria fazer".[45]

Paulo ensina em 2Coríntios 3.18: "E todos nós, que com a face descoberta contemplamos a glória do Senhor, segundo a sua imagem estamos sendo transformados com glória cada vez maior, a qual vem do Senhor, que é o Espírito". Esse texto aponta para a transformação que ocorre naquele que vive diante do Senhor, alcançando equilíbrio no seu estilo de vida cristã, tornando-se mais semelhante a Cristo e obediente a Deus a cada dia. O líder deve entender e crer que é possível alcançar e viver de maneira equilibrada, porém, tão somente pela graça de Deus.

Outros textos das Escrituras ajudam a entender que este equilíbrio se faz necessário na vida de todo cristão, ainda mais na vida de um líder:

Provérbios 3.21: "Meu filho, guarde consigo a sensatez e o equilíbrio, nunca os percas de vista".

Provérbios 16.21: "O sábio de coração é considerado prudente; quem fala com equilíbrio promove a instrução".

2 Timóteo 1.7: "Pois Deus não nos deu espírito de covardia, mas de poder, de amor e de equilíbrio".

Quando o líder está no lugar correto e realiza o seu dever, refletirá em sua maneira de viver aspectos equilibrados de uma liderança bíblica. Primeiro, ele exerce a sua liderança com humildade, sabendo que o Senhor é quem o conduz na realização de todas as coisas e não a confiança em sua própria capacidade. Segundo, caminha na busca pela coerência

---

45 Paul David Tripp. Sé líder – 12 principios sobre el liderazgo em la iglesia. Tradução de Gerardo Montemayor. (Nashville: B&H Publishing Group, 2021), p. 89.

entre o que faz em público e o que faz em particular, apresentando um testemunho de vida que é sempre o mesmo em qualquer lugar onde estiver. Terceiro, demonstra um equilíbrio em amar a função que exerce por causa d'Aquele que o chamou. Quarto, age sabiamente ao ajudar seus liderados a usarem seus dons para a glória de Deus e a edificação da igreja, e não para interesses individuais e pessoais. Por fim, ele é equilibrado porque mantém sua alegria no evangelho de Jesus e não nos resultados alcançados.

C. Caráter aprovado

Ter um caráter aprovado é uma qualidade que o Senhor valoriza e deve ser a busca na vida de um líder. Para Ritzema e Vince, "caráter é o que somos. O caráter é a vida invisível, escondida, que se deixa, contudo, entrever por aquilo que é contemplado. O caráter é interno, opera por dentro. O caráter é o estado do coração. O caráter é a raiz da árvore"[46]. Isso fica evidente quando observamos as qualidades necessárias para o líder espiritual da igreja conforme 1 Timóteo 3.1-7. Todas as qualidades estão relacionadas ao caráter do líder e apenas uma qualidade se refere à sua competência para ensinar as Escrituras: "apto para ensinar".

Caráter aprovado é o combustível de Deus na vida de um líder, gerando motivação para seguir na direção de ter cada vez mais um coração transformado e levando outros também a experimentarem essa transformação. Concordo com Tripp quando ele afirma que "Líderes que têm caráter, lideram com caráter, modelam o que é realmente importante e encorajam o mesmo nos outros".[47]

O caráter de Cristo é o padrão a ser observado por todo líder bíblico como um parâmetro para aferir seus feitos e atitudes de maneira fiel. Portanto, deve fazer isso pelo chamado que recebeu e a obra que tem para realizar em nome dele. Isso é bastante desafiador em um mundo cujo critério para escolha de um líder é a facilidade de comunicação e a capa-

---

46 Elliott Ritzema e Elizabeth Vince, orgs. 300 Citações da igreja moderna para pregadores. Série Pastorum. (Bellingham, WA: Lexham Press, 2021).

47 Paul David Tripp. Sé líder – 12 pricipios sobre el liderazgo en la iglesia. Tradução de Gerardo Montemayor. (Nashville: B&H Publishing Group, 2021), p. 106.

cidade de produzir resultados. Infelizmente, a igreja tem sido seduzida a seguir na mesma direção, deixando de observar as orientações bíblicas.

Portanto, conforme 1Tm. 3.1-7, o líder precisa estar convicto de que segundo a perspectiva do Senhor, um caráter aprovado está acima de qualquer outra qualidade desejável para o líder.

D. Servo

Um líder que se percebe como servo, tem um coração voltado para a motivação certa, não se alegra apenas com os resultados ao seu redor, nem com o cargo que ocupa, mas simplesmente pelo serviço que realiza aos outros. Dependente da graça de Deus, ele se alegra em negar as ofertas do mundo dia a dia, e a trilhar o caminho do serviço, como um servo de Cristo e do seu povo. O estilo de vida de um líder servo é percebido por todos **à sua volta,** porque o serviço está em suas atitudes, ficando claro o coração abnegado que ele tem. Portanto, as palavras escritas por Pedro em sua primeira carta são assertivas e profundas:

> Aos presbíteros que há entre vocês, eu, presbítero como eles, testemunha dos sofrimentos de Cristo e, ainda, coparticipante da glória que há de ser revelada, peço que pastoreiem o rebanho de Deus que há entre vocês, não por obrigação, mas espontaneamente, como Deus quer; não por ganância, mas de boa vontade; não como dominadores dos que lhes foram confiados, mas sendo exemplos para o rebanho. E, quando o Supremo Pastor se manifestar, vocês receberão a coroa da glória, que nunca perde o seu brilho (1 Pe. 5.1-4).

Estar em uma posição de liderança não implica que alguém seja um líder, pois a maneira como ele serve pode definir quem de fato ele é. Paul Tripp nos ajuda a entender isso quando afirma:

> "Os líderes que não servem não são realmente líderes. Eles usam seu poder e posição e aqueles que foram chamados a liderar para alcançar por si mesmo o que creem que merecem. Um verdadeiro líder sabe o que eles pensam que merecem. Os verdadeiros líde-

res não acreditam que são chamados para liderar, e que aqueles a quem ministram acreditam que o povo não é o objeto de seu poder e controle, mas sim o foco de seu sacrifício e serviço. Todo líder de ministério carrega a identidade de um servo, e qualquer líder que comece a pensar em si mesmo de forma diferente está em perigo espiritual e abandonou o verdadeiro caráter de seu chamado".[48]

A advertência do Senhor aos discípulos, conforme a narrativa registrada em Marcos 10.35-45, ajuda o líder bíblico a compreender que ele não foi chamado para ser senhor em nenhuma situação do ministério, mas para ser um servo e escravo. Ali, não há uma convocação para brilhar, mas para servir, e por meio do serviço, o brilho libertador da escravidão resplandece para todos os homens. Ninguém recebeu de Deus uma autoridade suprema para ser senhor. Pelo contrário, o líder deve compreender a sua posição de servo, destinado a trabalhar incansavelmente para o supremo Senhor, Cristo Jesus, servindo os outros, deleitando-se nele e no serviço realizado.

E. Disciplina

A disciplina é mais uma qualidade que precisa estar claramente exposta na vida de um líder, porque sem ela, dificilmente ele conseguirá alcançar um serviço diligente e eficaz no Reino de Deus. Um líder disciplinado é aquele que age primeiro para conduzir sua vida em submissão às ordens do Senhor, alcançando maturidade e diligência no que faz e isto o leva a liderar de maneira exemplar, e a conduzir seus liderados na mesma direção. Portanto, concordo com Sanders quando diz:

"O líder é a pessoa que, primeiramente, se submete de boa vontade, e aprendeu a obedecer, segundo uma disciplina imposta de fora, e que, em seguida, impôs a si mesma, de dentro, uma disciplina ainda mais rigorosa. Aqueles que se rebelam contra a autoridade e mofam da autodisciplina raramente se qualificam para uma

---

48 Paul David Tripp. *Sé líder – 12 pricipios sobre el liderazgo en la iglesia*. Tradução de Gerardo Montemayor. (Nashville: B&H Publishing Group, 2021), p. 134-135.

disciplina de primeira ordem. Eles evitam os rigores e sacrifícios exigidos, e rejeitam a disciplina divina envolvida na liderança".[49]

Um líder disciplinado transmite nitidamente em seus atos a firmeza de alguém que não tem hábitos de desleixe no que pensa, fala e faz. Ele está sempre observando padrões que o conduza na direção de não ser relaxado, displicente ou irresponsável por falta de disciplina, não só nos seus afazeres, mas acima de tudo, no seu estilo de vida, tornando-se assim bom espelho para os liderados. Um líder bíblico não retrocede diante de adversidades, mesmo aquelas mais complexas. Ele seguirá disciplinadamente para cumprir e alcançar os propósitos estabelecidos por Deus para seu povo, pela instrumentalidade da sua vida.

F. Sabedoria

Um líder sábio alcança pela graça de Deus a honrosa capacidade de não cair nos laços das práticas excêntricas e menos ainda nas extravagâncias do autoritarismo. O estudo e o meditar diligentes das Escrituras o conduz a se encher do Espírito Santo, tornando-o plenamente capaz no uso da aplicação sábia do conhecimento adquirido de Deus, de si mesmo, dos outros e do mundo a sua volta.

Esse foi um dos requisitos relatados por Lucas ao escrever em seu segundo livro, uma exortação feita pelos doze apóstolos, aos que iriam escolher e separar homens para servir e ajudar na condução do povo de Deus. O autor sagrado narra o seguinte em Atos 6.3: "Irmãos, escolham entre vocês sete homens de bom testemunho, cheios do Espírito e de sabedoria". Esta sabedoria é recebida de Deus e praticada pelo homem, para o benefício do povo do Senhor e engrandecimento do seu Reino.

Ter sabedoria é muito mais do que ter conhecimento. Um líder sábio vai além, pois é alguém que tem um desejo pessoal de alcançar algo do conhecimento humano e divino, atingindo assim, um entendimento verdadeiro do que realmente acontece à sua volta, com a intenção de di-

---

49   J. Oswald Sanders. *Liderança espiritual.* Tradução Oswaldo Ramos (São Paulo: Mundo Cristão, 1985), p. 45.

recionar seus liderados a seguirem no caminho da retidão e justiça divina. Em outras palavras, sabedoria é aplicar o conhecimento adquirido sobre Deus na prática da vida diária, alcançando transformação que torna a pessoa mais parecida com Jesus.

Conclusão

Como mencionado inicialmente, o propósito não é ser exaustivo no assunto, mas mostrar características essenciais na vida de um líder, especialmente no contexto espiritual.

Portanto, o que faz de uma pessoa um líder bíblico não é o que ela realiza, mas a obediência que exerce ao chamado à liderança. O líder bíblico está sempre fundamentado na palavra de Deus, e não a negocia de forma alguma, seja qual for o pretexto. Ele se mantém íntegro, mesmo sob o risco de perdas irreparáveis, tanto na vida como no ministério. É de suma importância para um líder bíblico ter um estilo de vida equilibrado, onde realiza todas os seus atos, sejam eles privados ou públicos, de maneira coerente, por amor a Deus e bem-estar dos seus liderados, praticando tudo com humildade.

Algo que deve ser marcante na vida de um líder é o caráter, pois no mundo moderno no qual vivemos, essa qualidade já não se faz tão presente na vida dos homens que estão conduzindo a igreja do Senhor. Homens e mulheres são colocados em posição de liderança por uma série de habilidades, mas sem nenhum caráter. São essas pessoas que estão, na maioria das vezes, à frente do cristianismo de hoje, levando a igreja cada dia a descer a ladeira da imoralidade e se deleitar em seus pecados "aceitáveis". Para o Senhor, o caráter está acima de todas as demais qualidades.

Na caminhada como líder bíblico, ser servo é algo que deve estar estampado no seu estilo de vida, já que o mundo está cheio de senhores, inclusive de si mesmos. Encontrar alguém que deseja e ama servir está ficando cada vez mais raro. As pessoas precisam entender que no Reino de Deus não há lugar para ser servido, mas para servir aos outros. Portanto, se faz necessário que esse líder seja disciplinado. Um líder disciplinado é submisso às ordens do Senhor, e consegue direcionar os liderados na direção certa.

Infelizmente, é verdadeira a constatação de que tem sido cada vez mais difícil enxergarmos essas qualidades nos líderes de hoje, inclusive no contexto da Igreja. Porém, muitos homens e mulheres ainda apresentam essas características em suas vidas, porque Deus continua escolhendo e levantando líderes para sua obra. O Senhor permanece dando dons, talentos, habilidades, amor e desejo às pessoas para servi-lo, por meio do servir ao Seu povo. Não deixemos de acreditar, porque essa obra não é do homem, mas de Deus.

Portanto, os desafios para os líderes de hoje são os mesmos dos líderes do passado: não se contaminar com as oferendas deste mundo, nem se encantar com as possibilidades de ser pop star evangélico, menos ainda agir como um carrasco opressor do povo de Deus, tratando as pessoas como ovelhas do seu próprio rebanho, pois na verdade, elas pertencem ao supremo Pastor, o Senhor Jesus Cristo. O líder tem o desafio de se manter íntegro no Senhor em meio a um mundo mentiroso, mesquinho e ambicioso, e o que pode sustentar a sua liderança em meio a tudo isto é a ação do Espírito Santo, que lhe dá a certeza de quem ele serve.

Para você refletir

1. *Observe a definição secular e bíblica sobre liderança apresentada neste capítulo. Como você percebe a aplicação desses conceitos no contexto da sua igreja?*

2. *Qual a diferença entre a definição secular e bíblica da pessoa qualificada? Qual das duas definições tem sido mais utilizada no seu contexto ministerial?*

3. *Como você se autoavalia de acordo com as qualidades mencionadas neste capítulo? Atribua uma nota de 01 a 05 em cada uma delas. Nota 01 representa "péssimo" e 05, "excelente".*

4. *Procure três pessoas que mais lhe conhecem e apresente o resultado da sua autoavaliação. Eles concordam com a sua autoavaliação?*

5. *O que você poderia fazer para crescer ainda mais nas qualidades para um líder bíblico descritas neste capítulo?*

CAPÍTULO 5

FORMAÇÃO E DESENVOLVIMENTO DE EQUIPES DE MINISTÉRIO

Sidney Roberto Machado da Silva

Sou fã de esportes coletivos. Eles me ensinam bastante. E quando digo que me ensinam, não me refiro à prática do esporte em si, mas, valores como "trabalho em equipe", por exemplo. É muito recorrente ver um jogador tentar resolver sozinho o jogo, seja qual for a modalidade. Também não é incomum perceber as brigas no meio da equipe, as "panelinhas", os complôs para derrubar técnicos, as entrevistas vaidosas de alguns que acham que "remam" sozinhos. Certa vez, um dos maiores atletas que já existiu, Michael Jordan, afirmou que: "O talento vence jogos, mas só o trabalho em equipe ganha campeonatos".[50] Como não concordar com ele?

Essa realidade não é exclusiva dos esportes. Na igreja, a questão do trabalho em equipe também é algo bastante difícil. Por isso, precisamos pensar o "ser equipe". O objetivo é refletirmos sobre como formarmos e desenvolvermos equipes. "É preciso ter as pessoas certas para que as

---

50 Michael Jordan, nascido em 1963 é considerado o maior jogador de basquetebol e um dos maiores atletas de todos os tempos.

coisas sejam feitas coletivamente e a equipe atinja o seu máximo desempenho".[51]

1. Equipes nas "Escrituras"

Em toda Palavra de Deus temos exemplos sobre a formação de equipes e a importância de entendermos que não somos completos a ponto de empreendermos "carreiras solos" ou "voos solos".

Quando orientado por Deus a voltar ao Egito para libertar os hebreus, Moisés "refugou", tentando livrar-se da missão. Deus em sua perfeição concede a Moisés que forme uma equipe com um homem: Arão, seu irmão (Êx. 4.10-17). Já no deserto, quando Moisés tinha a incumbência de liderar todo o povo, Jetro, seu sogro, o aconselha a não fazer toda a obra sozinho: "...você não pode fazer isso sozinho...procure entre o povo homens capazes, que temam ao Senhor" (Êx. 18.13-27).

No Novo Testamento, Jesus, tendo uma "visão de futuro", escolhe, seleciona e discipula (treina) doze homens para que estivessem preparados a dar continuidade aos planos do Mestre.

O apóstolo Paulo, quando planeja suas viagens, forma uma equipe, aliás, várias equipes. Ele sempre se via acompanhado de outros fiéis proclamadores do evangelho. Paulo "selecionava" sua equipe (At. 15.36-41), investia em homens dispostos a serem liderados (At. 16.3,9), homens espirituais (At. 16.25), homens diferentes (At. 18.5), conhecedores tanto das escrituras como deste século (At. 18.24-26). Tratando especificamente do funcionamento da igreja, nas epístolas pastorais (1, 2 Timóteo e Tito), a palavra de Paulo em relação à liderança sempre se refere aos presbíteros (plural). A liderança de uma igreja nunca é contada no singular, sempre é formatada de maneira coletiva. Todas as referências à liderança da igreja abordam a coletividade, pluralidade (ex. 1Tm. 3; Tt. 2).

---

51 J. Robert Clinton, Etapas na vida de um líder, (Londrina, PR: Descoberta, 2001).

2. "O buraco da agulha" na escolha de líderes

A tarefa de escolher líderes não é tão fácil. Ser assertivo na escolha é um grande desafio. Por isso, retornemos ao conselho de Jetro ao seu genro Moisés. No processo de seleção (Êx. 18.21-23), as escolhas de Moisés deveriam recair sobre homens que temessem a Deus, amassem a verdade e odiassem a corrupção. Percebam que a preocupação primaz repousava sobre o caráter do escolhido. Obviamente não deve ser nossa única preocupação, mas, biblicamente, respaldado no Novo Testamento pela lista de qualificações dos presbíteros e diáconos nas epístolas pastorais, iniciar observando o caráter cristão é um bom requisito para avaliar qual candidato passará pelo "buraco da agulha". Sendo assim, em termos de caráter é necessário que o líder (no caso, presbítero ou diácono) seja irrepreensível, esposo de uma só mulher, moderado, sensato, modesto, hospitaleiro, apto para ensinar, não dado ao vinho, nem violento, cordial, inimigo de conflitos, não avarento, bom líder do seu lar, e que cuide bem dos filhos, além de não ser novo na fé (1Timóteo 3.1-7). Por mais que sejam qualificações exigidas aos presbíteros, é importante entendermos que se trata do caráter cristão, necessário aos que ousam liderar na igreja.

Um bom exemplo seria pensar nas qualificações de caráter cristão descritas em 1Timóteo e Tito. O líder da equipe precisa, necessariamente, atentar para o caráter do candidato. Uma boa formação que contribua para aspectos de liderança não é o único respaldo para a escolha de um líder. O líder cristão não pode ter "expertise" em liderança. Ele necessita refletir a própria pessoa de Jesus Cristo, com caráter e atitudes condizentes. Se é para a glória de Deus, a escolha deve recair sobre quem está disposto a cumprir esse propósito.

Por outro lado, selecionar a liderança não pode se limitar apenas ao caráter. É necessário pensar quais características o candidato precisa ter para ocupar a posição na equipe. Há de se levar em consideração habilidades do indivíduo, talento natural, competências, formação e até mesmo aspectos emocionais.

A. Iniciando a escolha

Após refletir sobre os padrões de caráter do líder, precisamos caminhar um pouco mais, formulando requisitos que podem auxiliar-nos na escolha de pessoas certas para os lugares certos.

Dyer (53-54), refletindo sobre a questão num ambiente de "mercado", nos auxilia neste aspecto propondo três fatores que devem ser levados em consideração na escolha de indivíduos para a equipe:

1. A pessoa apresenta as habilidades necessárias para ter sucesso nessa atribuição específica?

2. O projeto está de acordo com o planejamento e as necessidades de desenvolvimento profissional da pessoa?

3. A pessoa trabalhará bem com o líder e com os outros membros da equipe?

O fato é que liderar uma equipe requer ser assertivo em aspectos criteriosos na escolha de seus integrantes. Confesso que nem sempre me cerquei de todos os cuidados, por vezes "burlando" critérios que eu mesmo havia colocado para a escolha. Sem uma observação criteriosa somos facilmente ludibriados por nossas próprias limitações.

B. Jesus e os seus discípulos

Jamais devemos concluir que Jesus escolheu aleatoriamente seus discípulos. Muito menos entender que foram homens desqualificados. A missão cumprida por eles demonstra quão correta foi a escolha de Jesus. Ele se cercou de pescadores, um coletor de impostos e um "político profissional".[52] A profissão que eles exerciam já é um fator muito importante. Jesus escolheu seus discípulos observando a natureza de suas ocupações. Eram todos trabalhadores e representavam o que havia de mais "nor-

---

52 Os filhos de Zebedeu, João e Tiago eram pescadores de ofício, assim como Pedro, André, Bartolomeu, Filipe e Tomé. Mateus era cobrador de impostos. Simão era zelote, uma espécie de político revolucionário. Sobre Tiago e Judas não temos informações precisas sobre a profissão que exerciam. Judas Iscariotes provavelmente exercia uma profissão semelhante a função que exerceu como discípulo, tesoureiro.

mal" na cultura da época, o que não é demérito, pelo contrário. Jesus se viu cercado por homens que conheciam a sociedade em que estavam inseridos.

O segundo aspecto importante na escolha é que eram ensináveis, apesar de improváveis. Com isso, não estou afirmando que eram pessoas fáceis, pois, qual ser humano poderia ser assim considerado? Mesmo que os três anos de discipulado não tenham sido tão tranquilos e alguns como Pedro tenham dado bastante trabalho, o resultado da missão demonstra que a escolha e o treinamento foram assertivos. Interessantes os critérios de Deus. Totalmente diferentes dos usuais em nosso mundo coorporativo. Hoje, muitas empresas conseguem selecionar líderes por intermédio da "inteligência emocional", mas, dificilmente conseguirá mensurar aspectos como o caráter do candidato. Mas, vale lembrar o que diz as Escrituras em 1 Coríntios 1.26-31(NVI): *"Irmãos, pensem no que vocês eram quando foram chamados. Poucos eram sábios segundo os padrões humanos; poucos eram poderosos; poucos eram de nobre nascimento. Mas Deus escolheu as coisas loucas do mundo para envergonhar os sábios, e escolheu as coisas fracas do mundo para envergonhar os fortes. Ele escolheu as coisas insignificantes do mundo, as desprezadas e as que nada são, para reduzir a nada as que são, para que ninguém se vanglorie diante dele. É, porém, por iniciativa dele que vocês estão em Cristo Jesus, o qual se tornou sabedoria de Deus para nós, isto é, justiça, santidade e redenção, para que, como está escrito: "Quem se gloriar, glorie-se no Senhor".*

3. Riscos quando você não trabalha em equipe

Como bem afirma Lencioni, "o trabalho em equipe sempre foi ilusório em muitas organizações, apesar de toda a atenção que recebe de acadêmicos, coaches, professores e da mídia. O fato é que, já que são compostas de seres humanos imperfeitos, as equipes são inerentemente disfuncionais". [53] Mas isso não quer dizer que o trabalho em equipe esteja

---

53 Numa espécie de fábula, Patrick Lencioni trabalha em seu livro "Os 5 desafios das equipes, uma história sobre liderança" inseguranças relacionadas ao trabalhar em equipe (p.7).

fadado ao fracasso. Na verdade, criar um grupo forte de profissionais é possível e simples, mas é também dolorosamente árduo. Mas, se a formação de uma equipe acarretará um trabalho árduo, não trabalhar em equipe será um verdadeiro desastre. Nas Escrituras sagradas percebemos o quão importante é não ousarmos trabalhar sozinhos.

Quando partimos para um modelo de liderança não compartilhada, além de ferirmos a visão bíblica de uma liderança coletiva, colocamos em risco a nós mesmos e o ministério que Deus propôs a nós. Entre tantos riscos, destaco alguns:

A. Sobrecarga

Há um episódio curioso no "ministério" de Moisés (Êx. 18). Afinal, mesmo sendo mediador entre Deus e o povo (Êx. 20.18-21), teria Moisés condições para julgar todo o povo? Após a saída do Egito e início da peregrinação pelo deserto após a travessia do Mar Vermelho, Moisés se pôs diante do povo a fim de julgar toda e qualquer situação vivenciada por toda a multidão. Seu sogro Jetro, ao chegar no acampamento, observando a situação, indagou se não seria uma "loucura" tal trabalho, afinal, eram 2 milhões de hebreus aproximadamente.[54] Com isso, propôs uma distribuição de tarefas entre homens escolhidos a dedo. As Escrituras sagradas nos advertem sobre a preguiça, ociosidade. No entanto, liderar de maneira a não compartilhar os seus pesos ocasionará uma sobrecarga que ferirá algumas ordens bíblicas como o "descanso" estabelecido pelo próprio Deus (Gn. 2.1-2; Êx. 20.8).

B. Totalitarismo

O não compartilhar a liderança fará com que a eficácia se veja abalada. Ainda nas "agruras do deserto", o próprio Deus, poupando a Moisés, o orienta a que eleja setenta líderes (Nm. 11.16-30). A visão totalitarista, além da sobrecarga já citada, compromete o futuro do todo. Ninguém é portador de toda a capacidade, força e, principalmente, do ideal de

---

54   https://teologiabrasileira.com.br/o-exodo-biblico-e-a-magia-da-escrita-na-perspectiva-de-gerald-
-wheeler-uma-tentativa-de-responder-ao-problema-da-ausencia-de-evidencia/

Deus ao instituir a igreja. A instituição dos dons espirituais (Rm. 12.1-8) reprime qualquer possibilidade de haver uma ideia totalitária na igreja de Jesus Cristo. Os dons espirituais retratam uma verdadeira unidade, onde as partes (diversidade dos dons espirituais) corroboram para tal unidade. Mas, a diversidade dos dons exemplifica a performance de todo o corpo ao invés de um trabalho centrado num só homem.

4. Visão de futuro

Uma reflexão necessária em termos de formação de equipe é a "visão de futuro". Quando planejamos uma equipe não podemos dispensar uma visão de futuro. Sem imediatismos, é necessário minimamente olharmos para a frente e percebemos que não estamos apenas preocupados em suprir uma necessidade do tempo presente, mas, também, os efeitos dessa equipe em médio e longo prazos.

Outra questão que precisa ser levada em consideração é o fato de que o trabalho precisa ser continuado. O trabalhar sozinho "estanca" em nós mesmos o futuro da igreja ou organização. Por vinte e três anos pastoreei uma igreja no litoral de São Paulo. A minha visão sempre foi de trabalhar em equipe, valorizar cada um dos envolvidos no processo, auxiliar no treinamento e encorajar. Mesmo assim, tais medidas ainda não garantem a boa continuidade do processo. Porém, não as ter garante a certeza do fracasso.

No evangelho de Mateus, tanto no capítulo 10, quanto no capítulo 28, Jesus dá ordem aos seus discípulos a que fossem e fizessem discípulos. No primeiro momento exclusivamente ao seu povo e no segundo momento, no texto denominado como a "grande comissão", eles deveriam ir a todos os povos. Em ambos, a ideia é de que continuassem o ministério de Cristo. Não existe qualquer nexo se não houver preocupação em continuidade. Para isso, o trabalho em equipe é fundamental.

5. O que você não pode esquecer

Há muitas questões importantes que deveríamos estar atentos na ideia de formarmos uma equipe. Quero aqui enumerar algumas que considero muito importantes:

A. Disposição para ouvir

Dale Carnegie, famoso formador que escreveu diversos livros na área de treinamento empresarial, afirmou o seguinte sobre o ouvir: "procure primeiro compreender para depois ser compreendido. Ouça com a intenção de ouvir e entender".[55] É o que a própria bíblia nos afirma sobre ouvir antes de falar. Na epístola de Tiago (1.19) a ordem bíblica é estar pronto para ouvir e tardio para falar. Ou como descrito em Pv. 18.13, onde lemos: "Responder antes de ouvir é tolice e vergonha". Na prática do ouvir teremos os melhores resultados do "feedback", além de termos a nossa própria opinião avaliada. Ou seja, a possibilidade de um bom entrosamento de equipe, de ter sempre a melhor ideia em execução, mesmo que não seja a nossa.

B. Aceitar as opiniões divergentes

Não parece ser um caminho natural para nós aceitarmos opiniões divergentes da nossa. Por incrível que pareça, muitas vezes nos sentimos invadidos com a opinião de outros. A expectativa de que as nossas ideias sempre precisam prevalecer é clássica ao ser humano. Porém, muitas vezes, nossas opiniões não são as mais assertivas em termos bíblicos. Portanto, vale muito o princípio encontrado no livro de Provérbios (15.22-23): "Os planos fracassam por falta de conselho, mas são bem-sucedidos quando há muitos conselheiros. Dar resposta apropriada é motivo de alegria; e como é bom um conselho na hora certa!"

---

55 https://portaldalecarnegie.com/ouvir-e-uma-das-habilidades-mais-importantes-de-um-lider/

C. Saber conviver com o "diferente"

No âmbito coorporativo, parece não fazer sentido o que as Escrituras nos trazem como verdade. Mas, quero lembrar o mandamento dado pelo próprio Senhor Jesus: "Um novo mandamento lhes dou: amem-se uns aos outros. Como eu os amei, vocês devem amar-se uns aos outros. Com isso todos saberão que vocês são meus discípulos, se vocês se amarem uns aos outros" (João 13.34-35).

Além de não termos a mínima condição de sempre sermos assertivos em tudo o que pensamos e planejamos, o mandamento de amarmos aqueles que Deus tem colocado em seu caminho é muito nítida. Como colocarmos isso em prática? Tendo em vista que amar é uma decisão, Paulo nos ajuda e exorta a amarmos sendo "pacientes, bondosos, sem inveja, vanglória ou orgulho. Não maltratando ou procurando seus próprios interesses, sem se irar ou guardar rancor ou se alegrar com a injustiça. Antes, se alegrando com a verdade, tudo sofrendo, tudo crendo, tudo esperando, tudo suportando (1Coríntios 13.4-7).

D. A importância do "feedback" da equipe

É muito importante obter um retorno da equipe. Dyer (55p.) sugere que o *feedback* deve acontecer de cada 3 a 6 meses e deve considerar o seguinte:

- Valor agregado e impacto do trabalho

- Comunicação clara e imediata com os subordinados

- Prazos razoáveis

- Organização e planejamento antecipado

- Diversão, motivação e trabalho em equipe

- Nível de interesse do trabalho

- Claras expectativas de desempenho

- Nível de responsabilidade

- Oportunidades de desenvolvimento e crescimento profissional
- Nível geral de respeito por cada pessoa
- Precisão de avaliação de desempenho anterior

6. Como formar uma equipe

O propósito não é esgotar a questão. Mas, quero levantar aspectos práticos que tenho percebido ao longo dos anos no meu próprio contexto de liderança:

A. É importante investir

Quero ressaltar dois aspectos que vejo como importantes relacionados ao investimento na equipe. Tempo e dinheiro. Geralmente são dois "bens" que julgamos ter em escassez. Mas, se quisermos formar uma equipe excelente, precisaremos investir.

Em relação ao tempo, nosso maior exemplo é o próprio Senhor Jesus Cristo. No início do ministério muitos o seguiam. Não sabemos ao certo quantos. No evangelho segundo Lucas (capítulo 10) temos o relato do próprio Senhor Jesus enviando setenta homens. Sabemos que Ele sempre estava cercado por uma multidão. Mas, escolheu doze para investir arduamente, integralmente. Nas narrativas dos evangelhos a descrição é de que estes homens estavam o tempo inteiro com Jesus Cristo. Perceberam o quê, e como Jesus fazia o seu ministério, as reações do Mestre, as sábias palavras, além do amor que Jesus nutria por eles. Se quisermos uma boa equipe de liderança, precisamos investir nosso tempo em cada um deles. Quanto ao dinheiro, também precisamos entender como valioso investimento. No mundo coorporativo brasileiro, os gastos com treinamento e desenvolvimento de equipe comparados à folha de pagamento se encontram no patamar médio de 7%.[56] Uma boa dica é investir em treinamentos restritos ao grupo, congressos ou fornecendo publicações. Isso não

---

[56] https://www.integracao.com.br/wp-content/uploads/2020/02/pesquisa-panorama-do-treinamento-no-brasil-2019.pdf

me parece um hábito muito assimilado no meio eclesiástico. Mas, muito além de demonstrar valorização aos componentes de nossa equipe, na prática, abre horizontes na mente de todos os envolvidos.

B. Descrição de funções

Antes mesmo do processo de escolha, é necessário investirmos na descrição de funções. O que se deve levar em consideração nessa questão? Alguns aspectos são muito importantes, tais como as características da função, a descrição pormenorizada de tudo o que a pessoa que ocupar a função deverá desempenhar, além das qualidades/características que a pessoa a ocupar o posto deverá ter. Jamais devemos convidar alguém a preencher uma função de liderança antes de estabelecermos o que de fato almejamos numa determinada posição e qual o perfil ideal da pessoa a ocupar determinado cargo.

C. O treinamento em si

Há muitas maneiras de treinarmos uma equipe hoje. No mundo co-orporativo tem se tornado muito comum o "team building", estratégias fundamentadas em jogos que, além de tornar as características pessoais de cada um, conhecidas por todos, formarão um ambiente amigável e, principalmente treinarão a equipe a caminhar unida, indo ao máximo em termos de desempenho.

Ao abordar a questão do desempenho, Dyer (23p.) aponta quatro conclusões sobre fatores a serem levados em consideração no treinamento da equipe, que denominou os quatro "Cs" das equipes de alto desempenho, a saber: o **contexto** da equipe, a **composição** da equipe, as **competências** da equipe e as habilidades da equipe para a gestão de **mudanças (changes em inglês)**.[57] São dicas muito importantes que poderão responder a algumas perguntas essenciais enquanto formamos nossa equipe.

---

57 No livro "Equipes que fazem a diferença (Team Building) ", William Dyer traz sugestões muito valiosas e práticas sobre o porquê e como trabalhar com o método "Team Building".

Sobre um "currículo" do que abordar num treinamento de liderança, quero indicar alguns aspectos desenvolvidos por Martin Manser:[58]

- Transmitir uma visão

- Estabelecer claramente os objetivos de sua equipe

- Garantir a definição dos seus valores como equipe

- Esclarecer as responsabilidades de cada membro da equipe para que cada um saiba as suas responsabilidades

- Garantir a clara definição das linhas de autoridade e responsabilidade.

- Ser flexível em relação ao que pode ser negociado e procurar conciliar diferentes estilos de trabalho.

- Ser justo e tratar todos os seus colegas com equidade.

- Certificar-se de que todos os membros da equipe se esforçam e carregam seu próprio peso.

- Demonstrar entusiasmo no seu trabalho.

- Incentivar a reciprocidade

- Incentivar os membros da equipe a usarem a sua iniciativa.

Conclusão

Formação e desenvolvimento de equipes de ministério não é uma tarefa fácil. Mas, como já mencionado, nas Escrituras sagradas não há espaço para o "voo solo". Enquanto os discípulos estavam reunidos em Jerusalém, como descrito no livro de Atos dos apóstolos (At. 1.12-26), escolheram Matias, em oração, para o lugar de Judas Iscariotes. Quando

---

58 Martin Manser, Introdução à gestão, trad. Luiz Euclydes T. Frazão Filho, (São Paulo: Saraiva, 2014), p.46-48p.

o número de discípulos cresceu (Atos 6), os doze escolheram sete homens para que fizessem o trabalho de diaconia. Quando da expansão do evangelho, a igreja de Jesus Cristo, representada por seus líderes (Atos 13), adorando e jejuando e orientados pelo Espírito Santo, escolheram Barnabé e Saulo para que o testemunho do Reino fosse além das fronteiras em que viviam. Na expansão do Reino, durante as viagens missionárias (Atos 16), já não vemos Paulo e Barnabé na mesma cena. Estes formaram outras equipes. Paulo se vê acompanhado por Timóteo e Silas, e Barnabé forma equipe com João Marcos. Assim a igreja se expande. Assim o Reino dos céus é bem representado aqui na terra.

Não são escolhas aleatórias. Paulo se mostra extremamente criterioso. João Marcos por um tempo não participa do mesmo time por questões não totalmente esclarecidas, mas que demonstram propósitos diferentes. Já Timóteo se torna como um filho para Paulo (1 Timóteo 1.2). No conteúdo das duas epístolas "pastorais" de Paulo a Timóteo vemos uma parte do extenso treinamento do jovem discípulo (1Tm. 1.18-20;2.1-15;4.6-16;5.1-25;6.11-14;6.18-21; 2Tm.2.6-8;1.13;2.1-9;2.14-26;3.10-17;4.2;4.5;4.14-15).

Por isso, estamos convictos de que não há outro caminho para a igreja senão o de formar e treinar equipes para o reino dos céus. Nas palavras de Manser: "O principal fator aqui é que os membros da equipe contribuem com um vasto e valioso conjunto de diferentes funções que se complementam: o ponto fraco de uma pessoa é compensado pelos pontos fortes de outra".[59]

Para você refletir

1. *Quais os critérios bíblicos para a escolha de um líder você considera como "mais importantes"?*

2. *Sobre os "riscos" de não trabalhar em equipe, com qual você mais tem lutado em sua vida pessoal?*

---

59 Martin Manser, Introdução à gestão, trad. Luiz Euclydes T. Frazão Filho, (São Paulo: Saraiva, 2014), p.44.

3. *Como o "saber ouvir" e o "conviver com o diferente" tem sido enfrentado por você?*

4. *O que você considera um currículo interessante para a formação de uma equipe?*

5. *Como você se avalia como líder?*

CAPÍTULO 6

LIDERANÇA E COMUNICAÇÃO

Filipe Ferreira Soares

Quantas reuniões acabaram frustradas? Quantas vezes pregadores sobem ao púlpito com o conteúdo claro a ser transmitido em suas mentes, mas ao descerem se sentem frustrados? É um problema comum para quem fala em público. Quantos conflitos entre irmãos são gerados pela falta de clareza nas palavras? Quantas aulas improdutivas? Você já passou por essas experiências?

A comunicação é a ação de transmitir e receber informações com eficiência. Ela é uma ferramenta fundamental para qualquer líder, entretanto, se mal-usada, pode gerar problemas e desajustes. Este capítulo abordará os elementos essenciais para uma comunicação clara e assertiva, alinhada com os princípios das Escrituras, com o objetivo de auxiliar líderes a obter resultados positivos em suas equipes e ministérios. O foco será na comunicação verbal e escrita direcionada a indivíduos ou pequenos grupos, e não para a comunicação voltada para pregação ou ensino formal.

A boa comunicação vem integrada à necessidade de se fazer entender; diante disso, elementos além das palavras estão envolvidos. O entendimento da mensagem não é garantido somente com o que se fala ou como se fala, e é nesse ponto onde muitos se perdem, como será apresentado a seguir. Versículos expostos são mal-entendidos, prazos alertados são vencidos, tarefas são realizadas erroneamente, relacionamentos são desgastados, entre tantos outros problemas comuns a quem lidera, e todos eles, muitas vezes, gerados pela falta ou falha na comunicação.

A interpretação de uma mensagem depende de diversos aspectos pessoais como cultura, personalidade e, na igreja, até mesmo do nível espiritual, seja do comunicador ou receptor. Existem diferenças nas percepções interpessoais afetando assim o entendimento da linguagem, do significado de símbolos, da decodificação de gestos entre tantos outros elementos fundamentais à boa comunicação.

Na igreja, o ato de liderar envolve a habilidade para, através do Espírito Santo, instruir a outros! Paulo exortando Timóteo orienta: "...as coisas que me ouviu dizer na presença de muitas testemunhas, confie a homens fiéis que sejam também capazes de ensinar a outros" (2Tm. 2.2). O "capazes de ensinar" refere-se à habilidade de comunicar verdades recebidas. O conteúdo da mensagem espiritual deve ser recebido com clareza. Isso é ótimo, mas a habilidade de comunicar-se bem, falando ou escrevendo, abrange mais do que o ensino da verdade. Ela inclui a vivência da verdade na prática da igreja. Paulo ensina Timóteo em suas cartas a respeito da prática ministerial. Cuidar de pessoas envolve o gerenciamento. O gerenciar inclui comunicar.

Peter Drucker, ícone da administração moderna, diz que 60% dos problemas administrativos são frutos da má comunicação[60]. Na Igreja, um organismo vivo, o pecado é o grande causador das intrigas, mas pode-se dizer que a má comunicação também se torna ferramenta de desordem e conflitos nesse ambiente.

1. O feedback

A palavra do cristão deve sempre ser: sim, sim e não, não (Mt. 5.37), o que passar disso vem do maligno. As palavras de Jesus são citadas aqui demonstrando a responsabilidade que a liderança recebe para com o direcionamento assertivo. Muitas vezes, pelo receio da confrontação ou

---

60 Marina Kerhart. *O gerenciamento das comunicações na resolução de conflitos de origem geracional em empresas de projeto* (São Paulo, 2017), p.5

medo do desgaste nos relacionamentos, o líder deixa de corrigir. A prática de muitos é que ensinar do púlpito, mandando recado, parece ser menos complicado do que uma conversa pessoal, face a face. Outras vezes o "sim" é dito no lugar do "não" a fim de se evitar conflitos. O ser humano é assim. Stone e Heen ponderam que o feedback estampa a impressão de que algo não está bem. Isso gera uma sensação de rejeição. O questionamento surge: "Por que sempre tem de haver mais ajustes, mais perfeição? Por que é tão difícil que você me entenda?"[61] E, diante disto, para quem ouve, se não há respeito para com quem fala nos níveis individuais, não haverá também em níveis de comunicação coletivas, como numa palestra.

Apontando assim para a comunicação interpessoal, o feedback como meio de avaliação, se torna elemento importante na vida do líder que fala. Secularmente o feedback é uma ferramenta eficaz a trazer resultados positivos para empresas. No mundo corporativo existem várias propostas para empregar tal instrumento. Como exemplo, no âmbito administrativo, podemos mencionar o VEDUCA[62] que sistematiza formas de feedbacks, como o *SANDWICH*[63] (definido por elogiar, corrigir e por fim, elogiar novamente), ou o *SCI*[64] (avalia e reporta criteriosamente pontos da situação ocorrida, do comportamento praticado e do impacto causado). Usando o SCI como referência, observa-se como a aplicação ministerial de tal ferramenta poderia trazer resultados benéficos para o corpo de Cristo. Vamos observar os detalhes do conceito SCI:

- "S" é relativo à situação do fato ocorrido. Generalizar não ajuda no processo de feedback. Seja específico quanto à situação em que o motivo da conversa está acontecendo. Frases como: "ultimamente

---

61 Douglas Stone e Sheila Heen. *Obrigado pelo feedback* (Recife: Portfolio-Penguin, 2014), versão Kindle -posição 10.

62 Plataforma virtual especializada em desenvolvimento humano e educação a distância.

63 Embora não seja possível atribuir a autoria específica do conceito do feedback sandwich a uma única pessoa, muitos especialistas em gestão, treinamento e desenvolvimento de liderança o têm mencionado e promovido ao longo dos anos como uma ferramenta eficaz para melhorar a comunicação e a eficácia no ambiente de trabalho.

64 O feedback SCI é um modelo desenvolvido pelo The Center for Creative Leadership (Centro de Liderança Criativa), que tem como objetivo construir e ampliar a capacidade de liderança nas organizações.

você tem...", ou " você sempre..." não dimensionam a situação do problema e criam no interlocutor o efeito reativo. Ao mensurar a situação exata, a conversa é bem orientada e a assimilação do problema fica clara. Por exemplo "Na última reunião, enquanto você respondia o João, você...", ou "No culto do dia 15 ouvi você falando sobre...". Situando o problema, a comunicação é mais assertiva. Paulo, ao escrever suas cartas às igrejas, tinha o cuidado de contextualizar 'o quê' e 'de quem' estava falando. Por exemplo, ao mencionar sua confrontação com Pedro em Gálatas, ele escreveu: "Quando, porém, Pedro veio a Antioquia, enfrentei-o face a face, por sua atitude condenável" (Gl. 2.11).

- "C" é relativo ao comportamento do interlocutor que recebe o feedback. O direcionamento ao real comportamento que motivou o feedback o torna claro e efetivo. Ao falar, não coloque o julgamento pessoal. Isso pode gerar uma reação negativa e bloquear o objetivo. Por exemplo, frases como "Na última reunião você estava bem nervoso..." ou "tenho percebido você muito devagar...". Os exemplos citados trazem neles julgamento pessoal, como "nervoso" ou "devagar". A especificidade é fundamental para que as palavras sejam bem aceitas: "Na última reunião, enquanto falava você usou tal palavra extremamente agressiva e quando foi questionado por Marcos, você elevou muito o seu tom de voz". Isso é mensurável e atinge de forma mais eficiente o coração do interlocutor.

- "I" é relativo ao impacto causado pela situação já citada. Reações que necessitam de confrontação sempre geraram estragos. Eles impactam grupos e no caso da igreja, ministérios. Dificilmente o problema é encerrado numa atitude errada. Zaqueu é um exemplo de alguém que entendeu o impacto que seu erro havia causado em outros (Lc. 19). Ao tratar esse ponto, se deve enfocar a atitude em questão que prejudicou todo o grupo ou alguém. Por exemplo "João, na última reunião da EBD você atrasou 20 minutos. Na última semana havíamos falado sobre isso. Precisávamos da sua presença no horário, pois você abriria a igreja. Todos ficaram do lado de fora até você chegar e isso gerou um ambiente desfavorável para nossa reunião".

Ferramentas seculares têm a sua utilidade, mas para o cristão o Espírito Santo é direcionador e orientador nesse processo. A igreja leva vantagem. Todos têm a função de mostrar, através de diferentes perspectivas que a comunicação no momento de avaliação pessoal não pode ser improvisada ou relaxada; ela é guiada pelo Espírito de Deus. O falar do cristão deve ser sempre "temperado com sal" (Cl. 4.6), planejado com sabedoria e equilibrado. Isso faz parte da temperança, qualidade do fruto do Espírito (Gl. 5.22). O líder cristão deve usar suas palavras para produzir crescimento ministerial oferecendo a cada um dos liderados respostas às expectativas superadas ou frustradas.

Tratando-se de trocas de expectativas, Salomão, o sábio escritor, ensina com propriedade. Em Provérbios ele diz que "Quem fere por amor mostra lealdade, mas o inimigo multiplica beijos" (Pv. 27.6) e continua, "Assim como o ferro afia o ferro, o homem afia o seu companheiro" (Pv. 27.17). A comunicação transparente e baseada nas Escrituras busca transmitir a verdade com amor. A verdade não visa apenas agradar o ouvinte, mas sim informar sobre a necessidade de mudança, correção, proporcionar conforto ou até mesmo oferecer orientação em situações específicas. Lovizzaro, referenciando sobre as expectativas dos liderados, salienta que "as pessoas esperam que seus líderes sejam francos e honestos, e, ao mesmo tempo, comuniquem os comportamentos e as direções a seguir".[65]

Muitas vezes o desejo de ser um líder aceito supera o desejo de ser um líder eficiente a partir da perspectiva bíblica. Os profetas bíblicos, por exemplo, muitas vezes traziam verdades que confrontavam e esse era seu papel. Para muitos, porém, a confrontação deixa de acontecer pelo receio de rejeição ou baixa aprovação. Palavras temperadas com sal dificilmente serão mal recebidas. Elas são forradas de amor e sabedoria. A qualidade de um líder não deve estar associada ao quanto um público se anima

---

65 Marco Antonio Lovizzaro. *Comunicação de liderança* (São Paulo: FIAP, 2018), p.7.

ou se alegra com um sermão, mas quanto um público muda por causa do sermão.

Nas comunicações interpessoais o líder pode ganhar admiração e respeito. Em agosto de 2011, através de uma pesquisa feita pela empresa MarketTools com pessoas acima de 18 anos que trabalhavam em empresas com mais de 500 funcionários, identificou-se aspectos interessantes relacionados ao feedback. Observe como alguns dos resultados tem relação direta com os frutos que esperamos na igreja:

> "39% dos participantes não se sentem apreciados nas tarefas, 43% dos altamente comprometidos recebem feedback, pelo menos uma vez na semana, 98% irão falhar se receberem pouco ou nenhum feedback; 69% falam que trabalhariam mais se sentissem que seus esforços foram bem reconhecidos; 78% dizem que ser bem reconhecido os motiva para fazer um trabalho melhor."[66]

Os números mostram o quanto a avaliação com gratidão é importante. Quem ganha nesse processo é o reino de Deus promovendo o bom funcionamento das engrenagens da Igreja: equipes que sabem o que fazer, sabem para onde ir, sabem quando erram e como podem melhorar. Da mesma forma quando acertam, sabem o porquê o fizeram e para quem fizeram: a glória de Deus.

Por outro lado, ressalta-se aqui também a importância de feedbacks positivos ou encorajadores. Muitos esmeram-se para o reino, são centrados e fiéis em seus ministérios e raramente ouvem palavras de encorajamento e edificação. As Escrituras ensinam que não se deve fazer as coisas esperando elogios ou reconhecimento (Fp. 2.3), mas eles fazem parte do processo da comunicação assertiva. A Bíblia também chama os elogios merecidos de dívida: Paulo diz para não se dever nada a ninguém, exceto o amor (Rm. 13.8). Fala que devemos dar "honra a quem merece honra".

---

66   Daniela do Lago. *Feedback: receita eficaz em 10 passos,* (São Paulo: Integrare, 2018) versão Kindle -posição 220

2. Paulo, exímio comunicador, e as duras verdades em amor

Paulo, por ser autor da maioria das cartas do Novo Testamento e um líder de expressividade na igreja do primeiro século, tem muito a ensinar à igreja sobre o uso assertivo da comunicação.

Quanto ao conteúdo escrito em suas cartas, Paulo entende que a função do líder de Deus é:

- Sempre orientar a igreja a permanecer na sã doutrina. Paulo, em suas cartas, enfatiza constantemente a importância de que seus irmãos se mantenham firmes no evangelho que receberam (por exemplo, em 1Co. 15.1, Cl. 1.23, Gl. 5.1). Portanto, é responsabilidade do líder destacar continuamente as verdades da sã doutrina.

- Confrontar com argumentos aqueles que tentam desviar a igreja de Cristo. Constantemente nas igrejas fundadas pelo apóstolo infiltravam-se hereges dos mais diversos procurando desviar os eleitos da verdade. O conteúdo da mensagem paulina confronta a igreja a rejeitar tais ensinos (Rm. 2, 16.17, 1Co. 15, Gl. 3, Fp. 3.17-21). Hoje, em algumas situações, congregações se depararam com dúvidas doutrinárias trazidas por membros hereges ou até mesmo por influências de pregadores midiáticos e influentes em nossos dias.

- Confrontar e corrigir a igreja coletivamente (1Co. 3.1-3) ou irmãos especificamente sobre seus pecados (2Tm. 4.14). Paulo, em suas cartas chama o pecado pelo nome e em diversas situações confronta os irmãos nominalmente também, como vemos em Filipenses 4 "O que eu rogo a Evódia e também a Síntique é que vivam em harmonia no Senhor" (Fp. 4.2) O exemplo de Paulo demonstra que algumas vezes será necessária uma conversa ou advertência pública visando a preservação da unidade da igreja.

- Ensinar os irmãos sobre a doutrina de Deus. Igrejas estão em constante crescimento e aprendizado. O conteúdo da comunicação deve sempre ter como objetivo a educação na justiça (2Tm. 3.16).

Quanto à forma no feedback, o apóstolo Paulo ensina a comunicação mútua com sabedoria. Aos tessalonicenses, por exemplo, ressalta a operosidade da fé deles, a abnegação do amor, a firmeza da esperança que eles têm em Jesus Cristo, além de reconhecer que eles se tornaram imitadores do Mestre, sendo eles exemplos para os crentes da Macedônia e de Acaia (1Ts .1.3-7). Um líder deve reforçar frequentemente as virtudes daqueles que estão debaixo de sua liderança, tendo o cuidado para que a glória seja para Cristo.

Ao falar à igreja de Corinto, Paulo ensina sobre o fundamento da mensagem cristã, ou seja, a cruz. Aquela igreja, culturalmene fundamentada nos valores gregos, valorizava mais a forma da comunicação do que o seu conteúdo (1Co. 1 e 2). Apolo tinha apreço de grande parte da igreja por sua habilidosa retórica e por sua pesuasão com as palavras. Paulo, em nenhum momento o condena por seu conhecimento, mas chama a atenção da igreja ao que realmente importa: o poder do evangelho. Ele salienta isso em 1 Coríntios 2.1-5 onde fala sobre o que realmente é a essência do evangelho: o conteúdo que tranforma, não a forma da mensagem transmitida. Discursos eloquentes não são relevantes diante do poder do evangelho, mas Cristo é o alvo.

Referindo-se à comunicação interpessoal no feedback, Paulo também demonstra eficiência em lidar com pessoas através de suas palavras. Lendo o primeiro e último capítulo da epístola aos coríntios, pode-se aprender sobre a boa comunicação escrita. Se avaliado pela administração moderna, a comunicação de Paulo seria qualificada como *feedback sandwich*: elogiar (pão), corrigir (carne) e elogiar (pão). O objetivo da carta era tratar graves problemas e mesmo assim suas primeiras palavras são de elogio à igreja (pão):

> "à igreja de Deus que está em Corinto, aos santificados em Cristo Jesus... Sempre dou graças a meu Deus por vocês, por causa da graça que lhes foi dada por ele em Cristo Jesus...Pois nele vocês foram enriquecidos em tudo, em toda palavra e em todo conhecimento, porque o testemunho de Cristo foi confirmado entre vocês, de modo que não lhes falta nenhum dom espiritual, enquanto

vocês aguardam que o nosso Senhor Jesus Cristo seja revelado (1Co. 1.2-7).

Olhando para essa igreja, talvez muitos hoje duvidariam da presença do Espírito Santo entre eles, mas Paulo elogia a fé daqueles irmãos. Eles tinham todos os dons. Eles eram a igreja de Cristo. Eles ouviram sobre serem enriquecidos em Cristo (1Co. 1.5). Já na conclusão (pão), ele os aconselha a manterem-se firmes na fé (1Co. 16.13) e comenta sobre as notícias que recebeu sobre eles que o havia aliviado (1Co. 16.18). No meio (carne) destes dois capítulos (1 e 16), são tratados diversos problemas graves como divisão, incesto e dúvidas quanto ao matrimônio.

Como Paulo ensina! Os irmãos de Corinto, que seriam confrontados por sérios pecados ao longo de todo texto da carta, ouvem do apóstolo: "O testemunho de Cristo foi confirmado em vocês" (1Co. 1.6). Com certeza Paulo se lembrava de testemunhos reais na vida daqueles irmãos. Tratando-se da igreja, nas equipes ministeriais, mesmo os irmãos mais difíceis têm habilidades e dons a serem salientados. Palavras sábias de amor e encorajamento abrem corações endurecidos pelo pecado e pelo erro. Saber falar faz parte da sabedoria de Deus. Ao confrontar ou dar um *feedback* seja sincero, mas reconheça as virtudes e o valor que a pessoa ou o grupo possuem. A boa comunicação preza por acessar o coração e Paulo em todas as suas cartas ensina com propriedade a fazer isso. Toda igreja, por mais problemática que seja, sempre terá virtudes. O fato de ser igreja de Deus, já traz a ela a virtude de ser corpo do próprio Cristo.

3. Cristo, o Mestre

Não há como falar sobre comunicação efetiva sem olhar para Jesus e sua maneira de liderar. Ele sabia gerenciar os momentos de silêncio (comunicação intrapessoal) e de relacionamentos pessoais (comunicação interpessoal). Ele sabia comunicar verdades complexas a grandes multidões, de etnias e gerações diferentes (comunicação coletiva).

Os momentos de solitude, como no deserto em jejum (Mt. 4.1-11), são exemplos de um homem que sabia usar o silêncio a preparar-se para os momentos de embate espiritual. Ali, ele se comunicava com o Pai. Após sua preparação sozinho, o Mestre tinha as palavras certas para enfrentar o diabo. Quantos exemplos como esse de solitude tomam os evangelhos! Para que o líder cristão esteja preparado a dizer a palavra certa, na hora certa e com sabedoria, seus pensamentos e intenções devem estar organizados e submissos a Deus. O tentador "anda ao redor... procurando a quem possa devorar" (1Pe. 5.8) e um líder relapso e sem intimidade com seu Pai falará sem a direção do Espírito.

Diante das multidões, no campo da comunicação interpessoal, ele continua a ensinar. Quanto à participação dos apóstolos com Jesus, o ministério deles já se inicia com delegação de tarefas. Na missão dos Doze em Mateus 10, Jesus dá diretrizes claras por todo o capítulo, mas já inicia delegando autoridade sobre espíritos imundos. Vão e façam vocês. O que de mais importante poderia ser comunicado desde o início? Essa é a comunicação interpessoal efetiva. Ela vai além da capacidade de escutar, ela é participativa. Jesus ensina o líder cristão a delegar, comunicando com clareza e confiança. Aqueles que andavam com Jesus aprendiam em todas as situações. Cada evento era uma oportunidade de ensino.

Simultaneamente, a sua didática ao se comunicar tornava o entendimento claro (comunicação coletiva). Ele era organizado, sabendo o que falar aos discípulos e o que falar às multidões. Todos podiam ouvi-lo, mas cada um em sua realidade. Jesus sabia sua missão: trazer vida em abundância (Jo. 10.10). Ele prega seu primeiro sermão em uma montanha de Cafarnaum (Mt. 5-7) e traz uma mensagem de confrontação cultural e religiosa; mesmo assim se faz ouvido. Não havia bancos ou um teto e o único recurso do Mestre era a sua habilidosa comunicação. Ao final, Mateus relata que "as multidões estavam maravilhadas com o seu ensino (confrontador, mas consolador), por que ele as ensinava como quem tem autoridade..." (Mt. 7.28-29).

As aptidões de Cristo demonstram o poder espiritual que a comunicação ganha na igreja quando dirigida pelo Espírito Santo. Ao mesmo tempo, percebe-se que sabiamente Jesus sabia usar as palavras. Sua comunicação era efetiva. Ele aguçava a curiosidade ao pregar por parábolas.

Ele usava perguntas retóricas, trazendo os interlocutores à reflexão. Constantemente usava exemplos do cotidiano, como crianças que estavam próximas dele (Lc. 18.15 e 16), uma figueira pelo caminho (Mc. 11.12 a 14) ou as muitas parábolas que utilizou para ensinar alguma importante lição espiritual. Esses são alguns dos recursos didáticos na comunicação de Cristo.

Diante disso, fica explícita a necessidade do líder moderno se esmerar por ser entendido através de recursos diversos.

"Um estudo realizado pelo psicólogo Albert Mehrabian concluiu que a transmissão da mensagem do orador para os ouvintes tem a influência de 7% da palavra, 38% da voz e 55% da expressão corporal. Vemos, assim, que os movimentos do corpo, o jogo fisionômico, o olhar, os gestos são fatores muito importantes no processo de comunicação."[67]

É essencial se capacitar para compreender a dinâmica da comunicação nesse processo. Utilizar recursos que vão além da fala é crucial, visto que a fala é a menos influente em todo o processo. Incorporar gestos, por exemplo, pode adicionar movimento e criatividade à apresentação, porém, é importante tomar cuidado para evitar excessos. Eles podem distrair e criar desinteresse.

"Para que possa usar bem a expressão corporal, evite falar o tempo todo com as mãos nos bolsos, com os braços cruzados ou presos nas costas. Deve evitar também ficar de lado ou de costas para ler slides ou conferir anotações, pois pode soar como falta de respeito ou despreparo. Crie o costume de olhar para o público enquanto se apresenta, pois você está no palco para dar atenção às pessoas."[68]

Torna-se evidente que é necessário que o líder tenha a sensibilidade de avaliar outros aspectos além das palavras. Na igreja, o líder deve ser capaz de desenvolver habilidade a alcançar o coração de suas equipes, pois em

---

67 Reinaldo Polito. *Como falar corretamente e sem inibições* (São Paulo: Saraiva, 1999), p.99
68 Ana Claudia Madaleno. *Habilidades e técnicas de apresentação* (São Paulo: FIAP, 2018), p.13.

diversas situações não há transparência no que se ouve dos liderados. O Senhor enxerga o coração (1Sm. 16.7), porém o homem não possui este poder. A comunicação não verbal apresenta ferramentas e efetividade além das letras. Por exemplo, um sim ouvido de um liderado, pode ser um não no coração. Aspectos não verbais auxiliam nesse processo de reconhecimento. A comunicação não verbal acontece através da expressão facial, da postura corporal e de outros gestos físicos. Esse sinais são a chave para se perceber o que o outro está pensando:

> "Os entrevistadores tendem a reagir mais favoravelmente a candidatos a emprego cujas pistas não verbais, como contato visual e postura ereta são positivas. Eles têm uma inclinação menos favorável em relação a pessoas que apresentam traços não verbais negativos, como olhar para o chão ou desviar os olhos." [69]

Nos relacionamentos interpressoais se deve estimular o falar. Só se sabe o que alguém pensa sobre algo após ser ouvido ou falado. Ao conduzir uma reunião, um bom líder planeja perguntas direcionadas ao seu objetivo, proporcionando a todos a oportunidade de contribuir.

Nesse processo, planejar com cuidado a construção da comunicação desejada traz diretrizes que envolvem:

- Perguntas fechadas: essas dão ao interlocutor a oportunidade de participar sem maiores desafios. Normalmente são limitadas a respostas como "sim" ou não", "azul ou "amarelo" ou então um simples "ok". Servem especificamente para saber se o interlocutor entendeu alguma informação transmitida e de forma detalhada. São ideais também para momentos em que muitas palavras poderiam atrapalhar ou então momentos em que o grupo participante não tem grande afinidade entre si, pois não geram constrangimento.

- Perguntas abertas: dão a quem responde a oportunidade de falar com as suas palavras o que tem em mente. Podem ser elaboradas visando respostas gerais ou mais específicas; elas servem para dar

---

69 Marco Antonio Lovizzaro. *Comunicação de liderança* (São Paulo: FIAP, 2018), p.6

ao líder a visão do que o interlocutor realmente pensa e, também, possibilitam encontrar talentos ou habilidades desconhecidas até aquele momento. Como exemplo, durante uma reunião com professores de uma Escola Bíblica Dominical, o líder poderia perguntar: qual foi a sua maior dificuldade ao elaborar o plano de aula do último trimestre?

Conclusão

Agora, como agir? As igrejas necessitam de líderes espirituais, dependentes de Deus e que saibam se comunicar com clareza. Um homem dominado pelo Espírito Santo traz consigo as habilidades necessárias a se fazer ouvir com autoridade e prestígio (Gl. 5.22). Entretanto, Deus também capacita tal homem ou mulher a desenvolver suas habilidades e seus talentos; para liderança cristã, a comunicação é a habilidade que torna os objetivos mais acessíveis.

Em Efésios 4.29, Paulo resume bem tudo o que foi tratado até aqui. O líder cristão deve não somente privar sua boca do que é torpe, mas simultaneamente se equipar a falar de maneira a produzir edificação e transmitir graça: *"Não saia da vossa boca nenhuma palavra torpe, e sim unicamente a que for boa para edificação, conforme a necessidade, e, assim, transmita graça aos que ouvem"*. O líder tem a responsabilidade de sempre se fazer ouvir. A preocupação normativa deve ser edificar. Que privilégio. Ser ouvido é ter a mensagem assimilada de tal forma que leva à transformação.

Para você refletir

1. *Em sua visão, há aspectos importantes relacionados à comunicação/liderança para a igreja que não foram trabalhadas neste capítulo? Quais?*

2. *Como a má comunicação de um líder pode afetar um ministério? Sugira alguns exemplos práticos.*

3. *O quanto o feedback de um líder é importante para você?*

4. Quais elementos na comunicação que Paulo usa em suas cartas se tornam mais relevantes para você?

5. Jesus tinha uma perfeita comunicação. Cite 3 características que chamam a sua atenção.

CAPÍTULO 7

LIDERANÇA E VOLUNTARIADO

Carlos Alberto dos S. Bacoccina

"Se um homem não descobriu alguma coisa pela qual morrer,
ele não está preparado para viver"

Martin Luther King Jr.[70]

Qual líder de ministério na igreja que nunca reclamou dos irmãos que servem ao seu lado? Qual irmão voluntário em determinado ministério não teve a vontade de desistir? Pois bem, quando o assunto é servir nos ministérios na igreja local o relacionamento entre líderes e irmãos voluntários nem sempre é algo fácil.

Basta um bate-papo nos corredores da igreja para perceber a tensão existente entre líderes e liderados voluntários. O líder não tem o mesmo poder de cobrança sobre o seu voluntário como teria um empregador sobre o seu empregado. Em alguns casos, o líder lutará contra a falta de compromisso ou desinteresse do voluntário, mas ainda assim, não poderá "demiti-lo" do ministério.

É notório o desânimo ou cansaço de líderes que basicamente lutam para convencer e animar seus liderados a servirem no ministério. Em alguns casos, o líder tem como alvo a simples presença do liderado nas

---

70 George Barna. Transformando a visão em ação (Campinas: Editora Cristã Unida, 1997), p.125.

programações. Como exemplo, podemos ilustrar o grande esforço de um líder do ministério de homens em fazer que os homens da igreja compareçam nas programações do ministério. Portanto, como liderar equipes de voluntários na igreja?

Neste capítulo vamos tratar de alguns conceitos que os líderes devem saber e aplicar em sua maneira de liderar voluntários na igreja. Conceitos que apontam para a visão correta que o voluntário deve ter, a identificação e entendimento de como pode servir, a conscientização das suas limitações, e a descoberta dos elementos essenciais para todo relacionamento entre líderes e voluntários.

1. Dar a visão sobre o voluntariado na igreja

Talvez a maior dificuldade em liderar voluntários seja a falta de visão, por parte do voluntário, sobre o que significa servir na igreja de Jesus Cristo. Muitos irmãos piedosos e bem-intencionados não se voluntariam ou não se dedicam a algum ministério na igreja devido a compreensão equivocada sobre o que é servir. O que significa servir para um discípulo de Jesus? Vejamos o que a Bíblia tem a nos dizer sobre isso:

A. Fomos criados para glorificar a Deus:

O apóstolo Paulo resumiu qual deve ser o foco da vida dos discípulos de Jesus: "Assim, quer vocês comam, bebam ou façam qualquer outra coisa, façam tudo para a glória de Deus" (1 Coríntios 10.31). Em outras palavras, o cristão deve ter o foco de representar o Senhor, servindo através da capacitação vinda de Deus (1Pe. 4.10-11), até nas atividades mais triviais como comer e beber.

B. Fomos criados para realização das boas obras.

"Porque somos criação de Deus realizada em Cristo Jesus para fazermos boas obras, as quais Deus preparou de antemão para que nós as praticássemos" (Efésios 2:10). Ao observar esse texto fica claro que o cristão foi salvo para executar uma missão. Ele não foi resgatado pela graça salvífica do Senhor para que repousasse tranquilamente enquanto aguarda a redenção de toda criação. Cada cristão teve sua missão decretada antes da fundação do mundo, ou seja, ele foi salvo para executar as boas obras (ações que revelam a transformação ocorrida na salvação e que apontam para o poder transformador da graça de Deus sobre o homem). O correto entendimento dessa vocação inibe o conceito atual de que a salvação é estática. A salvação em Cristo Jesus é um chamado ao serviço na obra de Cristo.

C. A vida é útil quando servimos ao Senhor.

Quando Salomão escreveu sua experiência de vida, talvez já na sua velhice, apresentou um grande conceito sobre a vida: "Tudo sem sentido! Sem sentido!" (Eclesiastes 12.8). O grande rei que de tudo provou e aproveitou (Eclesiastes 2.1-11) chegou à conclusão de que tudo era vaidade. Em outras palavras, a vida debaixo do sol é inútil. Se parássemos por aqui, seríamos tentados a concluir que a vida não serve para nada, mas o próprio Salomão afirma no final do seu livro: "Tema a Deus e obedeça aos seus mandamentos, porque isso é o essencial para o homem" (Eclesiastes 12.13). Ou seja, a pessoa que leva o seu relacionamento com Deus a sério, honrando e obedecendo a Ele, tem uma vida útil, pois o sentido da vida é o Senhor.

D. Fomos abençoados para abençoar.

Que o povo de Deus é abençoado pelo Senhor, não restam dúvidas. Mas não podemos nos esquecer de que fomos abençoados para abençoar outros (Salmo 67). Observe a narrativa sobre o chamado de Abrão (pai de um povo), cujo nome, mais tarde foi mudado pelo Senhor para Abraão (pai de um grande povo): "Então o Senhor disse a Abrão: "Saia da sua terra, do meio dos seus parentes e da casa de seu pai, e vá para a terra que eu lhe mostrarei. "Farei de você um grande povo, e o abençoarei. Tornarei famoso o seu nome, e você será uma bênção. Abençoarei os que o abençoarem, e amaldiçoarei os que o amaldiçoarem; e por meio de você todos os povos da terra serão abençoados". (Gênesis 12.1-3).

Deus separou, chamou para si, e abençoou Abraão. Deus prometeu que Abraão se tornaria uma grande nação. Logo, temos a compreensão de que a bênção para Abraão foi um canal para que muitos fossem abençoados. Essa mentalidade deve seguir também em nossos dias. O cristão foi resgatado da escravidão do pecado e abençoado para ser um veículo de benção para outras pessoas (Efésios 1.3). A benção da salvação não se encerra no salvo, pelo contrário ela é o ponto de partida para abençoar outros.

E. Fomos chamados a fazer discípulos.

Todo discípulo de Jesus foi convocado a fazer discípulos. Jesus em suas últimas palavras, enquanto aqui nessa terra, disse: "Portanto, vão e façam discípulos de todas as nações, batizando-os em nome do Pai e do Filho e do Espírito Santo, ensinando-os a obedecer a tudo o que eu lhes ordenei. E eu estarei sempre com vocês, até o fim dos tempos". (Mateus 28.19,20). Fica clara a existência de uma ordem central neste texto: FAZER DISCÍPULOS. O voluntário deve ter sempre mente que tudo o que temos e realizamos deve partir dessa ótica. Mateus deixa claro que o papel dos discípulos deve ser BATIZAR e ENSINAR, e que tal função é primordial na vida da igreja, isto é, o investimento em pessoas que possam direcionar outras ao crescimento em Cristo.

F. Fomos chamados a edificar os santos.

Tanto o líder quanto o voluntário não podem se esquecer de que Deus separou e capacitou irmãos (Deus deu dons) para que estes equipem os demais membros da igreja (Efésios 4.11-16). Assim, temos pessoas capacitadas por Deus para EQUIPAR e pessoas separadas por Deus para serem EQUIPADAS. A igreja deve ter pessoas equipadas para que ela não seja vulnerável às ciladas e artimanhas do dia a dia. Logo, o discípulo de Jesus entende muito bem a grande obra que necessita ser realizada, e que tal obra é responsabilidade daqueles que foram CHAMADOS para o discipulado de Cristo.

Portanto, é evidente a importância da visão sobre o voluntariado na igreja, já que muitos hesitam em se envolver devido a mal-entendidos sobre o serviço cristão. Necessitamos compreender que os cristãos foram criados para glorificar a Deus em todas as áreas da vida, realizando boas obras como evidência da transformação pela graça. Além disso, a vida só encontra significado no serviço ao Senhor, os crentes são abençoados para abençoar outros, chamados para fazer discípulos e responsáveis por edificar os santos, equipando-os para enfrentar desafios e cumprir a missão do discipulado de Cristo. A visão correta sobre o voluntariado na igreja enfatiza o serviço como parte essencial da vida cristã.

2. Posicionar os voluntários conforme seus dons, talentos e experiências

Muitas pessoas que decidiram servir na obra de Deus têm experimentado um grande e pesado fardo para carregar. Digo isso porque alguns voluntários estão servindo em áreas distantes daquilo para o qual o Senhor os capacitou. Aceitaram servir, mas ocuparam cargos que não foram bem planejados, resultando em conflitos e frustações dentro e fora do ministério. Esses voluntários começam a se questionar sobre qual a importância do seu serviço, ou pior ainda, anseiam pelo fim do ministério deles.

Alguns irmãos trabalham incansavelmente para cumprirem suas responsabilidades na função assumida, mas a cada dia que passa, se sentem mais e mais cansados. O voluntariado se torna algo escravizador e doloroso com o passar do tempo.

Acredito que boa parte desse peso acontece por utilizar os voluntários em funções nas quais não se encaixam[71] com os seus dons, talentos e experiências de vida. Por isso, a compreensão sobre como Deus capacitou cada irmão é necessária para um servir eficaz e prazeroso.

---

71 Lembrando que não temos como propósito discutir a quantidade dos dons, isso ocuparia muito espaço e tempo, e poderia nos distanciar do foco desse ponto que é evidenciar a existência de dons entregues pelo Senhor para edificação da igreja.

A definição de cada elemento da capacitação de Deus é importante para a locação do voluntário em uma função compatível com a sua capacitação. Vejamos a definição dos três elementos essenciais de capacitação:

A. Dons.

Os dons são habilidades dadas por Deus aos crentes para a edificação da igreja (Romanos 12.3-8; 1 Coríntios 12 e 14). Os dons são dados na conversão para beneficiar particularmente o Corpo de Cristo. Todo cristão recebe pelo menos um dom (1 Pedro 4.10) quando é inserido no Corpo de Cristo.

Visando a edificação da igreja local, acredito que o Espírito Santo distribui os dons conforme o seu plano para cada igreja, ou seja, conforme a necessidade da igreja, o Espírito Santo oferta os dons aos irmãos de forma específica e compatível com a necessidade da igreja em questão.

B. Talentos.

Os talentos também são dados por Deus, mas por meio dos pais. Os talentos são dados no nascimento para beneficiar toda a comunidade. O talento pode ser utilizado ou não no serviço na igreja, diferentemente dos dons que são exclusivos para edificação dos santos da igreja.

Alegamos que os talentos[72] são ofertados desde o nascimento da pessoa, pois já no nascimento toda a estrutura é definida, por exemplo: o QI, a saúde e força, capacidade artística e criativa, habilidades linguísticas, aptidões mecânicas, e outras. Essas capacitações não fogem aos propósitos de Deus, porém, não são de uso exclusivo na igreja.

C. Experiências.

Acredito que todos concordam que no decorrer da vida, as pessoas vão adquirindo habilidades, ou seja, vão somando experiências. Elas podem aprender a cozinhar, costurar, dirigir, tocar algum instrumento etc. Cada pessoa tem uma história de vida, em outras palavras, todos estão acumulando experiências todos os dias.

---

72 Vale salientar que os talentos podem e precisam ser aperfeiçoados.

Momentos difíceis, tribulações e provações fazem parte do dia a dia de todo ser humano. Contudo, cada vida é diferente da outra. Alguns aprendem a lidar com poucos recursos, outros não sabem o significado de "não ter". Alguns sofreram com a morte de pessoas próximas, outros nunca tiveram que enfrentar essa realidade. Porém, como dissemos, o Senhor proporciona cada experiência no dia a dia (Salmo 139.16).

Enfim, lidar com trabalho voluntário é saber descobrir quem são as pessoas com as quais se está trabalhando. É função do líder pesquisar sobre os dons, talentos e experiências daqueles que estão servindo como voluntários. Dessa forma, a locação dos voluntários acontecerá sem maiores traumas, inibições ou até mesmo inseguranças.

3. Entender as limitações do voluntário

Alguns líderes confundem o serviço voluntário com o serviço contratado. Logo, a cobrança aos irmãos que se voluntariam no serviço da obra de Cristo é feita como a meros prestadores de serviço. Essa percepção confusa do voluntário como funcionário, tem tornado o servir na obra um grande fardo. Logicamente que se espera comprometimento e excelência no voluntariado (vamos falar disso no decorrer desse capítulo), mas o caráter punitivo e profissional no lidar com voluntários não é a melhor maneira de liderar. Assim, apontaremos alguns conceitos de liderança essenciais para liderar com os voluntários. Primeiro, entendendo suas limitações naturais, e num segundo momento, destacando alguns princípios norteadores para liderar os voluntários na igreja.

A. Tempo de disponibilidade.

Um erro primário e recorrente na liderança de voluntários é não considerar o tempo disponível para a dedicação ao ministério. Esse erro pode surgir dos dois lados, líder e voluntário.

Geralmente, o líder, ainda mais se for de tempo integral na igreja, comete o equívoco de programar e mensurar as atividades do seu ministério partindo do seu contexto de tempo. Ele mede o tempo de serviço tendo como medida o seu tempo disponível para o ministério.

Existe a possibilidade do próprio voluntário, devido à empolgação em servir, não planejar muito bem o seu tempo de disponibilidade para um determinado ministério. Por isso, no meio do caminho, surgem as dificuldades de falta de tempo, originando um estresse e desânimo com o ministério ao longo do tempo.

Normalmente, quando um voluntário excede o tempo de serviço, ou seja, indo além do seu tempo disponível, ele se torna uma bomba relógio pronta para explodir e abandonar o serviço assumido.

Portanto, é sábio da parte do líder e do voluntário calcular com exatidão o tempo que pode ser dedicado ao serviço em um determinado ministério. Um plano semanal de suas atividades domésticas, profissionais e cotidianas pode revelar com mais precisão o tempo disponível que a pessoa pode se dedicar ao ministério. Quando essa pesquisa não é realizada, o líder e o voluntário correm um sério risco de fracassar no servir com excelência e gratidão ao Senhor.

B. Tempo de descanso e lazer.

Entre os equívocos de um compromisso voluntariado é não pensar no seu tempo de descanso e lazer. O servir na obra nunca deve ser um peso ou fardo doloroso, pelo menos por causa do ministério, pois sabemos que dificuldades e tribulações fazem partem de todo ministério. Porém, o voluntariado precisa ter um tempo de descanso e lazer como parte do seu planejamento ministerial.

Quando a carga horária de um ministério toma o tempo de descanso e sono do voluntário, novamente uma bomba relógio está sendo armada. Fomos criados pelo Senhor com a necessidade de tempo de descanso (Êxodo 20.8-11). Noites mal dormidas, fins de semanas intensos, e compromissos infindáveis são ingredientes que corroem aos poucos os irmãos voluntários que ingressam nos ministérios da igreja.

Outra preocupação é o tempo de lazer. O voluntário necessita de tempo de lazer junto com os seus familiares. Em sua agenda, ele deve incluir um passeio ou algum entretenimento, produzindo um bem-estar e leveza de vida. Voluntários que não têm seu tempo de lazer costumam ser ranzinzas e truculentos, amargos e críticos, tornam o ambiente tenso e pesado.

C. Tempo com familiares.

Muitos irmãos em nossas igrejas não têm seus familiares como membros da igreja, em alguns casos, nem cristãos são. Normalmente existe uma pressão por parte dos familiares pela atenção do voluntário. Assim, uma liderança sábia não se esquece de inserir momentos para que os seus voluntários se dediquem aos seus familiares.

Uma das maiores críticas aos irmãos que servem regularmente nas igrejas é o distanciamento dos seus familiares incrédulos. Por isso, sempre será bom analisar a composição familiar dos seus voluntários, buscando não amplificar as críticas dos seus familiares, o que gera desgaste e desânimo.

Talvez a sugestão seja uma escala bem planejada, ajustando o tempo de serviço na igreja intercalado com o tempo de visitação e reuniões com os familiares.

D. Tempo para outras agendas.

Como já afirmamos, o voluntário tem uma vida fora da igreja. Logo, podemos entender que ele tem uma agenda de compromissos fora da igreja. Muitos irmãos estudam e trabalham, outros têm a agenda dos filhos (escola, cursos etc.), existem os cursos extras de aperfeiçoamento, além das tarefas domésticas. Alguns irmãos são obrigados a trabalharem nos finais de semana, outros são convocados por suas empresas em datas específicas (policiais, médicos, bombeiros). Em outras palavras, todo voluntário tem uma agenda concorrente com a agenda da igreja.

Ao liderar voluntários, o líder experiente avalia a agenda "externa" dos seus liderados, antes de propor ou definir planos para o seu ministério, pois a agenda externa geralmente ocupa a posição de prioridade para os voluntários. Isso acontece porque os compromissos seculares estão relacionados com sustento ou formação futura. Quando possível, uma agenda compartilhada e moldada conforme a agenda externa dos voluntários é a melhor forma de lidar com esse conflito.

4. Elementos essenciais para liderar voluntários.

Vimos que alguns pontos de tensão devem ser previstos ao convidar voluntários para servir em alguns ministérios. Uma boa liderança se empenha em eliminar ou diminuir esses pontos quando se utiliza de elementos chave na liderança de voluntários. Vejamos os cinco principais elementos:

A. Incentivo e agradecimento.

Um elemento essencial na liderança com voluntários é incentivo e agradecimento. Alguns líderes lideram seus voluntários como se estivessem operando máquinas. A comunicação se resume em informar as obrigações e apontar os erros cometidos pelo voluntário. A insensibilidade do líder foca na execução da tarefa sem se atentar para aqueles que as executam. Logo, palavras de cobranças parecem serem as únicas que saem da boca do líder.

Alguns líderes não exercem uma liderança tão enérgica ou opressora, pelo contrário, de forma bem passiva lideram os voluntários como se estivessem no piloto automático. O líder não busca aproximação ou relacionamento, não previne problemas ou corrige as falhas, simplesmente deixa tudo correr normalmente. Geralmente, tal líder revela uma indiferença para com os seus liderados e até mesmo com a tarefa a ser executada.

Sabemos que existe o tipo de liderança que diz aos seus liderados: "estão trabalhando para o Senhor, logo, o Senhor os recompensará", e assim, não se interessam em reconhecer e incentivar seus liderados pelo trabalho que executam. Alguns líderes até argumentam que o elogio pode levar o voluntário a um coração orgulhoso. Pois bem, acredito que o líder deve sempre informar aos seus liderados quando estão realizando um bom trabalho. Note e elogie os pontos positivos. O líder deve ser o primeiro a realçar o valor do trabalho realizado. Como Paulo nos ensinou: "Por isso, exortem-se e edifiquem-se uns aos outros, como de fato vocês estão fazendo". (1Ts. 5.11).

A gratidão deve ser uma marca do líder. O Senhor exorta o seu povo a ser grato em toda situação (1Ts. 5.18). Um líder grato promove a mesma atitude em seus liderados. Voluntários gratos pelo privilégio de servirem na obra de Deus, serão pessoas satisfeitas e alegres no Senhor, atitudes essenciais para que um ministério formado por voluntários obtenha sucesso.

B. Espaço de aprendizado mútuo.

Os ministérios na igreja devem ser espaços de aprendizagem. O ministério com voluntários, da mesma forma, deve ser um local de aprendizado mútuo, ou seja, tanto líder como voluntário podem aprender um com o outro, e entre os próprios voluntários.

O líder que pensa não precisar mais de aprendizado está seriamente enganado. Tal pensamento o conduzirá para atitudes autoritárias e desanimadoras para aqueles que estão debaixo da sua liderança. Por isso, o ministério deve ser uma via de mão dupla quando o assunto é aprendizado. O líder deve escutar seus liderados a fim de que possa aprender e liderar melhor seu ministério.

Porém, nossa ênfase está no fato que o ministério deve ser um espaço de aprendizado também para o voluntário. Em outras palavras, o voluntário percebe que está crescendo e amadurecendo enquanto serve no ministério. Digo isso porque muitos ministérios se tornam desinteressantes por causa da estagnação de aprendizado. Aos poucos o voluntário começa a se questionar como o seu serviço está contribuindo para o seu crescimento cristão.

O ministério deve ser um espaço pedagógico, no qual o voluntário tenha a convicção de que está tornando-se um cristão melhor. Ministérios que só preenchem calendários, que não apresentam um alvo de crescimento para os seus liderados, podem sofrer com a banalização e desinteresse por parte da equipe de voluntários.

C. Comunicação clara.

Todo ministério deve ter um bom planejamento, e todo ministério que deseja atingir os seus alvos deve ter a comunicação bem clara entre seus componentes.

O voluntário não deve ser pego de surpresa em meio às programações, ou mesmo ser informado por terceiros sobre os rumos do ministério no qual serve. Pois, a desinformação leva o voluntário a sentir-se desrespeitado ou insignificante no ministério.

Assim, o líder deve deixar bem claro o que espera de cada voluntário, qual a função e responsabilidade, além da total clareza sobre os alvos e propósitos dos ministérios e suas programações. É responsabilidade do líder verificar se os seus liderados estão inteirados sobre os rumos e alvos do ministério. Um voluntário mal-informado torna-se um peso a ser levado, uma fonte de críticas e desânimo, além de um candidato à desistência no término do calendário do ministério.

D. Alvos bem acordados.

Geralmente, alguns líderes se utilizam da "revelação progressiva ministerial" com seus voluntários. O líder, temendo perder ou desanimar seus liderados, não apresenta tudo o que se espera da pessoa. Suas funções, horários, investimentos, responsabilidades são acordados conforme o voluntário serve no ministério. O voluntário deve seguir o conselho de Jesus de mensurar o preço antes de assumir um ministério (Lucas 14.28-32), logo, o líder deve deixar bem claro todas as informações sobre os requisitos e compromissos exigidos daqueles que servem no ministério almejado.

O líder experiente apresenta os alvos, os requisitos, as dificuldades e até os possíveis problemas que o voluntário poderá enfrentar em um determinado ministério. Isso permite que o voluntário decida servir (ou não) através das informações reais e honestas sobre o ministério. Depois de apresentadas todas as informações, e o voluntário decidir por servir no ministério, então é possível ao líder direcioná-lo e corrigi-lo quando for necessário.

E. Envolvimento pessoal

Liderar voluntários é acima de tudo uma troca de experiências entre líder e liderado. O relacionamento entre os dois não pode ser algo mecânico ou profissional, mas fraternal, no qual a preocupação mútua é uma marca registrada.

O líder deve encarar cada voluntário como uma oportunidade de discipulado, ou seja, uma oportunidade de se envolver com seu liderado a fim de ajudá-lo a ser mais semelhante a Cristo.

Conclusão

Liderar voluntários é e sempre será um grande desafio, mas ao mesmo tempo, um dos maiores privilégios. Quando uma equipe formada de voluntários entende seu papel, sua importância e principalmente confia no seu líder, o ministério com voluntários é o melhor ambiente para crescimento do amor a Deus e ao próximo.

Para você refletir

1. *Como a falta de compreensão por parte dos voluntários quanto ao significado de servir afeta o desenvolvimento da igreja?*

2. *Quais são os elementos essenciais que um líder deve considerar ao posicionar voluntários de acordo com seus dons, talentos e experiências?*

3. *Como a falta de reconhecimento e incentivo por parte dos líderes afeta o engajamento e a satisfação dos voluntários?*

4. *Quais são os limites que os líderes devem considerar quando lideram voluntários na igreja?*

5. *De que maneira um ministério pode se tornar um espaço de aprendizado mútuo para líderes e voluntários, promovendo o crescimento espiritual de todos os envolvidos?*

CAPÍTULO 8

PLANEJAMENTO E LIDERANÇA

Richard Everson de Oliveira

O povo brasileiro não é conhecido por ter uma cultura que se antecipa e faz planos. Normalmente, deixamos as coisas para a última hora, atrasamos e temos dificuldades para definir e seguir o planejamento necessário para a eficácia do que fazemos. Além disso, em geral encontramos no meio evangélico o entendimento comum de que não é possível unir planejamento e espiritualidade. Alguns questionam: fazer planejamento não seria importar uma postura empresarial no contexto espiritual? Não seria mais espiritual ser sensível ao "mover" do Espírito e às portas que o Senhor abre ou fecha?

1. Planejamento e espiritualidade

Em hipótese alguma a Escritura descarta a necessidade de planejamento.

O próprio Deus planeja e revela os seus planos. O processo da criação revelado em Gênesis demonstra um Deus que se esmera em uma ordem planejada, e ao longo da história bíblica, encontramos exemplos de servos de Deus que fizeram planos sob a direção de Deus.

Deus revelou a José o significado do sonho do faraó e planejou como poderia se preparar para o tempo da escassez sabendo aproveitar com sabedoria o tempo da abundância (Gn. 41).

Deus explicou a Moisés o seu plano para libertar o seu povo (Êx. 3), mostrou claramente como seria a construção do tabernáculo (Êx. 26-40), e entregou a Lei que deveria orientar a nação em vários aspectos.

Josué recebeu de Deus um plano sobre como conquistar Jericó. Mais tarde ele fracassou quando decidiu agir por conta própria sem consultar ao Senhor (Js. 6-7).

Neemias demonstrou muita habilidade ao planejar vários detalhes para ir à Jerusalém e reconstruir seus muros: orou, estabeleceu os prazos, calculou as despesas, preparou cartas, avaliou a situação, nomeou líderes, formou equipes e supervisionou o trabalho. Neemias conjuga muito bem a iniciativa de se fazer planos e depender de Deus em oração.

O Senhor Jesus se encarnou na plenitude do tempo (Gl. 4.4). Um plano definido antes da fundação do mundo e realizado na hora certa (1Pe. 1.19-21). Várias vezes Jesus revelou aos discípulos o plano estabelecido para o seu julgamento, sua morte e ressurreição. Por exemplo, Mateus 16.21 diz: *"Desde aquele momento Jesus começou a explicar aos seus discípulos que era necessário que ele fosse para Jerusalém e sofresse muitas coisas nas mãos dos líderes religiosos, dos chefes dos sacerdotes e dos mestres da lei, e fosse morto e ressuscitasse no terceiro dia"* (veja também Mt. 17.22; Mc. 8.31-33; 9.30-32; 10.32-34; Lc. 9.22; 9.44-45; 18.31-33). Em suas últimas palavras, Jesus desafiou os discípulos a cumprirem um plano de missão que seria concretizado no fim dos tempos (Mt. 28.18-20).

Por fim, precisamos mencionar o apóstolo Paulo. Ao escrever aos romanos, ele partilhou sobre os planos para visitá-los de passagem quando estivesse de viagem para a Espanha (Rm. 15.23-25; 1.11). No seu relacionamento com os coríntios, é interessante observar que Paulo fez planos e depois mudou. Ele havia planejado passar pela Macedônia antes de viajar para Corinto e visitar a igreja (1Co. 16.1-9). Porém, os planos mudaram quando ele soube dos problemas contínuos em Corinto. Ele acabou antecipando a sua visita, fazendo uma viagem repentina para lá. Com essa mudança nos planos, os coríntios até questionaram o caráter de Paulo, levando-o a defender a sua integridade (2Co. 1.17-18, 23).

Em duas outras ocasiões, Paulo não conseguiu cumprir o que havia planejado. Durante a segunda viagem missionária, ele tentou pregar o evangelho na região da Ásia, mas o Espírito Santo não permitiu (At. 16.6-10). O próprio Deus impediu Paulo de realizar os seus planos, pois havia outro planejamento para ele! Foi nessa ocasião que ele recebeu a visão do homem macedônio, concluindo que ele e sua equipe deveriam se dirigir para a Europa. Em outra situação, ao escrever para os Tessalonicenses, Paulo conta que fez planos para visitar aqueles irmãos por duas vezes, mas ele não conseguiu. Sua conclusão foi que Satanás o impediu (1Ts. 2.17-18).

É interessante observar que Paulo fez planos legítimos (evangelização na Ásia e edificação dos irmãos tessalonicenses), mas os seus planos fracassaram. Na primeira ocasião, ele discerniu que o Espírito Santo não permitiu. No segundo caso, ele discerniu que Satanás o impediu. Paulo somente pôde perceber as mudanças nos planos porque planejou o seu ministério.

Portanto, Deus não desaprova o planejamento. O que Ele rejeita é a atitude arrogante e presunçosa em planejar sem considerar a vontade dele, e sem reconhecer a sua soberania. Sem a aprovação divina nada pode acontecer. Deus se ri quando o ser humano planeja a vida pensando que pode alcançar seus projetos mirabolantes independentemente Dele (Sl. 2.4).

Considere o ensino de Tiago. Veja como ele descreve o arrogante em seus planos dizendo: *"Hoje ou amanhã iremos para esta ou aquela cidade, passaremos um ano ali, faremos negócios e ganharemos dinheiro"* (Tg. 4.13). Então ele denuncia: *"Vocês nem sabem o que acontecerá amanhã! Que é a sua vida? Vocês são como a neblina que aparece por um pouco de tempo e depois se dissipa"* (Tg. 4.14). Nós não temos condição de planejar, certos de que vamos cumprir os planos estabelecidos. Na verdade, devemos planejar com humildade, reconhecendo que somos limitados e desconhecemos o dia de amanhã.

Tiago corrige essa postura arrogante ao afirmar: *"Em vez disso, deveriam dizer: 'Se o Senhor quiser, viveremos e faremos isto ou aquilo"* (Tg

4.15). Não se trata apenas de acrescentar *"se Deus quiser faremos isso e aquilo"* na última linha do nosso planejamento estratégico, como se fosse uma expressão mágica para garantir que os nossos planos serão bem-sucedidos. O que Tiago ensina é a necessidade de planejar com humildade, e considerar a soberania e vontade do Senhor acima de tudo. Ele sempre terá a palavra final a respeito dos nossos planos! O nosso planejamento precisa estar sujeito (e está) ao planejamento maior que Deus tem para o seu povo e toda a humanidade, conforme o propósito Dele! Tiago ainda faz uma advertência final àqueles que são indiferentes a Deus em seus planos de vida: *"Agora, porém, vocês se vangloriam das suas pretensões. Toda vanglória como essa é maligna"* (Tg 4.16). É uma estupidez pensar que podemos planejar sem considerar a soberania de Deus.

Observe as seguintes advertências em Provérbios:

"Ao homem pertencem os planos do coração, mas do Senhor vem a resposta da língua" (16.1).

"Em seu coração o homem planeja o seu caminho, mas o Senhor determina os seus passos" (16.9).

"Muitos são os planos no coração do homem, mas o que prevalece é o propósito do Senhor" (19.21).

Observe que Deus deu ao ser humano a responsabilidade e o privilégio de fazer planos, mas sem se esquecer de que Deus é o soberano e sempre tem a "última palavra". O propósito do Senhor prevalecerá! Por outro lado, os que desprezam o planejamento demonstram imprudência e insensatez e acabam por sofrer prejuízos espirituais e materiais. Observe os seguintes provérbios:

"Os planos bem elaborados levam à fartura; mas o apressado sempre acaba na miséria" (21.5).

"A sabedoria do homem prudente é discernir o seu caminho, mas a insensatez dos tolos é enganosa" (14.8).

"O inexperiente acredita em qualquer coisa, mas o homem prudente vê bem onde pisa" (14.15).

Não podemos agir sem refletir. Isso demonstra inexperiência e insensatez. Por outro lado, a prudência é sinal de sabedoria e o planejamento é um ingrediente indispensável para isso. Certamente é verdadeiro o ditado que diz: "Quem falha em planejar planeja falhar".[73]

Portanto, quem planeja considerando a vontade de Deus demonstra espiritualidade sadia e excelência!

2. Missão, visão e valores

Nas últimas décadas, especialistas nas áreas da administração propagaram o conceito de Missão, Visão e Valores (MVV) para orientar as empresas quanto ao entendimento da sua identidade institucional e impacto no mercado. Em alguns ambientes públicos por exemplo, nós podemos encontrar *banners* contendo tais informações, na tentativa de ajudar os colaboradores e clientes a se lembrarem dos alvos institucionais. Esses conceitos ultrapassaram o mundo cooperativo e influenciou até a igreja.

Embora essas ideias tenham o seu valor, nós não vamos explorá-las aqui, pois o objetivo deste capítulo não é exaurir as técnicas disponíveis no campo da gestão administrativa. Queremos apenas oferecer alguns conselhos úteis para o aspecto do planejamento organizacional como uma responsabilidade importante da liderança. No capítulo primeiro você leu a nossa proposta quanto ao conceito de liderança, que vai muito além de ser um gestor de projetos. Entretanto, a liderança exige alguma habilidade para propor alguma direção, estabelecer alguns objetivos e processar os meios pelos quais tais objetivos possam ser alcançados.

Vamos considerar o seu ministério. Talvez você esteja liderando uma igreja, ou uma instituição de apoio à igreja, um grupo de jovens, um grupo pequeno, um conselho missionário, ou esteja envolvido em alguma outra atividade ministerial. Como você processa a direção do ministério do qual faz parte? Quais são os objetivos do ministério? Como esses objetivos são estabelecidos, avaliados e alcançados? Qual é o impacto final esperado como resultado desse ministério?

Para nos ajudar a pensar sobre isso, propomos um processo simples que envolve três aspectos: propósito, princípios e planos.

---

73   Frase atribuída à Benjamin Franklin.

3. Propósito

Todas as atividades que realizamos em nosso ministério precisam estar alinhadas à missão ou ao propósito pelo qual existe. Por que fazemos o que fazemos? O que queremos alcançar com isso? A declaração de propósito ajuda a justificar uma determinada ação que planejamos para o ministério. É necessário responder com clareza as seguintes perguntas: Qual é o propósito deste ministério? Como esta atividade atende ao propósito definido? Se uma determinada atividade não atende o propósito, então ela é passível de ser descartada.

O propósito deve apresentar a razão de ser do ministério e a transformação que se pretende provocar no mundo. Esta declaração precisa ser curta, criativa e cativante o suficiente para que as pessoas envolvidas entendam com facilidade o que o propósito pretende alcançar e como a sua participação contribui para o alcance desse propósito. Certamente isso pode ajudar as pessoas a se sentirem engajadas e encorajadas a se dedicarem a esse propósito.

Como exemplo, vamos aplicar esse modelo para o ministério de grupos pequenos de uma igreja.

Ministério de grupos pequenos (ou célula, koinonia, grupo familiar, encontro nas casas etc.). Pessoas e famílias da igreja são divididas em grupos pequenos para ter um encontro semanal.

Propósito: O propósito do ministério do grupo pequeno é facilitar reuniões regulares entre pessoas e/ou famílias (7 a 12 pessoas) para promover a prática da mutualidade bíblica em um ambiente acolhedor para os participantes.

4. Princípios

Além da declaração de missão, muitas instituições procuram elaborar uma lista com palavras que descrevem os valores que os participantes devem considerar ao fazer as suas decisões. A lista pode se tornar muito longa e genérica ao ponto de perder a sua relevância. Incluir na lista a palavra "integridade", por exemplo, é muito comum, pois qual instituição não deveria ter a integridade como um de seus valores?

Melhor do que fazer uma lista dos valores de um ministério, tais como "excelência", "sensibilidade", "criatividade" etc., será escrever uma declaração que contenha os princípios norteadores do ministério. Esta declaração deve resumir os princípios essenciais e exclusivos de um ministério. É importante dizer que, assim como a declaração de propósito, a declaração de princípios precisa ser curta, criativa e cativante para não cair no esquecimento e realmente ajudar a orientar as pessoas nas decisões do ministério. A declaração também precisa ter embasamento bíblico e fazer referência ao propósito do ministério. Se a declaração de propósito do ministério explica a sua razão de existir, a declaração de princípio orienta como esse propósito será alcançado.

Vamos considerar o exemplo que estamos utilizando para ilustrar esse capítulo.

Declaração de princípios para o ministério de grupos pequenos: *Desejamos que as pessoas que se reúnem regularmente no grupo pequeno da nossa igreja encontrem um ambiente acolhedor, onde elas possam verdadeiramente confiar umas nas outras, compartilhar e cuidar uns dos outros em suas necessidades, procurando centrar tudo no evangelho de Cristo.*

Você consegue identificar os princípios incluídos nessa declaração? O princípio principal é o evangelho, pois a vida de Cristo possibilita que as pessoas expressem e experimentem o verdadeiro acolhimento, a confiança, o compartilhar e o cuidado mútuos. Se fizéssemos apenas uma lista dos valores desse ministério, incluiríamos as palavras: acolhimento, confiança, partilha, cuidado, e evangelho no centro. Percebe como a declaração dos princípios norteadores do ministério talvez possa ser mais efetivo?

5. Planos

A declaração de propósito e princípios norteadores do ministério já foram definidos, agora chegou a hora de fazer o planejamento. Como já dissemos, isso precisa ser feito com um misto de ousadia e humildade, considerando a vontade e a soberania do Senhor. Nossa responsabilidade é seguir as orientações de Deus conforme as Escrituras. Não podemos negociar a fidelidade a Deus em busca de sucesso, seja ele qual for. Não podemos ser pragmáticos a qualquer custo!

Como fazer o planejamento? Sugerimos um processo de cinco passos, e para cada passo há uma pergunta de orientação: (1) Avaliação prévia: onde estamos agora? (2) Alvos: aonde queremos chegar? (3) Ações: como chegaremos lá? (4) Análise posterior: aonde chegamos? (5) Ajustes: o que devemos manter, melhorar ou mudar para alcançarmos o propósito do ministério?

(1) Avaliação prévia: onde estamos agora?

Antes de pensar em possíveis alvos para o ministério é importante identificar a situação atual. Ao fazer a avaliação, será necessário contrastar o propósito do ministério com a realidade. A distância entre o propósito e a realidade irá orientar os alvos que devem ser estabelecidos para alcançar o propósito desejado. Mas como avaliar?

Sugerimos três ferramentas úteis para fazer uma avaliação do ministério:

A. Entrevista

É uma ferramenta interessante quando se deseja selecionar algumas pessoas para explorar vários aspectos do ministério através de uma conversa. É importante garantir ao entrevistado um ambiente confortável para que a pessoa possa expressar livremente suas impressões sobre o ministério. Vale mencionar que a entrevista pode ser individual ou em grupo.

B. Questionário

É uma ferramenta útil para obter um resultado quantitativo e/ou qualitativo do ministério. O questionário pode ser anônimo e traz a possibilidade de obter a resposta da maioria dos participantes do ministério.

C. Ferramenta SWOT

O acrônimo *SWOT* é uma conhecida ferramenta de avaliação e significa *Strengths* (Forças), *Weaknesses* (Fraquezas), *Opportunities* (Oportunidades) e *Threats* (Ameaças). É uma técnica utilizada para ajudar uma organização a avaliar a sua realidade e implementar as mudanças necessárias para o aprimoramento das suas atividades e produtos (veja o quadro abaixo).

Em cada área, o objetivo é avaliar aspectos internos e externos do ministério. Veja algumas perguntas que podem ser úteis para a avaliação:

i. Pontos fortes: (1) O que fazemos bem? (2) Quais recursos exclusivos podemos utilizar? (3) O que os outros veem como nossos pontos fortes?

ii. Pontos fracos: (1) O que não fazemos bem? (2) Onde nos faltam recursos? (3) O que os outros veem como nossos pontos fracos?

iii. Oportunidades: (1) Quais oportunidades estão abertas para nós? (2) Quais tendências poderíamos aproveitar? (3) Como poderíamos transformar nossos pontos fortes em oportunidades?

iv. Ameaças: (1) Quais ameaças podem nos prejudicar? (2) Quais são alguns aspectos ameaçadores para o ministério? (3) A que ameaças nossas fraquezas nos expõem?

ANÁLISE DE SWOT	ÚTIL Para atingir o objetivo	PREJUDICIAL Para atingir o objetivo
ORIGEM INTERNA Atributos da Organização	Pontos Fortes (Strengths)	Pontos Fracos (Weaknesses)
ORIGEM EXTERNA Atributos do Ambiente	Oportunidades (Opportunities)	Ameaças (Threats)

Sugerimos que esta avaliação não seja feita apenas por uma pessoa. Se houver uma equipe, conselho ou diretoria que compõe a liderança do ministério, essas pessoas deveriam ser incluídas no processo avaliativo. Caso não tenha um grupo de liderança definido, quais pessoas você poderia convidar para lhe ajudar a fazer essa avaliação? Considere critérios como as experiências, tempo de envolvimento no ministério, maturidade e idade das pessoas.

Durante a avaliação, alguém deve atuar como o facilitador do grupo. Cada pessoa que está participando da avaliação deverá ter o tempo adequado para considerar os itens que serão avaliados e apresentar as suas perspectivas. O facilitador poderá resumir as observações em um quadro, e depois convidar todos para priorizar três ou quatro observações mais interessantes em cada aspecto. Mais adiante neste capítulo esse processo será explicado em mais detalhes.

(2) Alvos: aonde queremos chegar?

O resultado da avaliação vai ajudar a estabelecer os alvos. Esses alvos terão por objetivo diminuir a distância entre o propósito estabelecido para o ministério e a realidade obtida com a avaliação. Como estabelecer os alvos?

Um alvo é o resultado a ser alcançado em um prazo de 12 meses alinhado com a declaração de propósito do ministério. Alvos com prazos muito distantes acabam caindo no esquecimento. É melhor estabelecer alvos de curto prazo, pois ajuda a motivar as pessoas, celebrar as pequenas vitórias e ajustar o alvo que ainda não foi alcançado.

Para definir cada alvo, propomos redigi-lo iniciando a frase com o infinitivo "Ter" + particípio do verbo + alvo. Por exemplo: *Ter convidado ao menos 20 pessoas para participar do nosso grupo pequeno nos próximos três meses.*

Além disso, sugerimos aplicar o teste *"smart"* para verificar se cada alvo foi adequadamente definido. A palavra inglesa *"Smart"* é o acrônimo para *Specific* (Específico), *Measurable* (Mensurável), *Achievable* (Alcançável), *Relevant* (Relevane) e *Time-bound* (Tempo Definido).[74]

Quando você, juntamente com a sua equipe for definir os alvos do ministério para os próximos 12 meses, devem avaliar cada alvo utilizando as perguntas abaixo:

---

74 Atribui-se a George T. Doran o primeiro a lançar essa proposta para o estabelecimento de alvos.

- O alvo é específico (*specific*)? Alvos devem ser específicos, claros e objetivos. Exemplo: ter aumentado o meu tempo investido em oração.

- O alvo é mensurável (*measurable*)? Se não for mensurável, não será possível verificar se o alvo foi alcançado ou não. Exemplo: ter aumentado o meu tempo investido em oração para 20 minutos.

- O alvo é alcançável (*achievable*)? O alvo deve ser realista, tornando-o possível de alcançá-lo. Exemplo: ter aumentado o meu tempo diário investido em oração para 20 minutos pelo menos cinco dias da semana.

- O alvo é relevante (*relevant*)? O alvo deve ser relevante para uma vida piedosa e produtiva segundo a perspectiva de Deus. Exemplo: orar mais vai contribuir para estreitar minha intimidade com Deus.

- O alvo tem um tempo definido (*time-bound*)? É o prazo máximo para que o alvo seja alcançado. Exemplo: ter aumentado o meu tempo diário investido em oração para 20 minutos pelo menos cinco dias da semana até julho deste ano.

Ou seja, se até julho deste ano, eu não estiver investindo 20 minutos diários em oração, pelo menos cinco dias da semana, eu sei que não terei alcançado o meu alvo. Esse alvo passou no teste *"smart"*.

Veja outros exemplos:

- Ter 80% dos membros da igreja envolvidos em grupos pequenos durante a semana até o final de maio do corrente ano.

- Ter evangelizado pessoalmente pelo menos 20 pessoas até o dia 31 de dezembro deste ano.

- Ter visitado o mínimo de 50% dos membros da igreja nos próximos três meses.

(3) Ações: como vamos chegar lá?

Ação é o que será feito para alcançar um determinado alvo. Um alvo pode requerer muitas ações durante um determinado período. Vamos utilizar o exemplo do ministério de grupos pequenos.

Nós estabelecemos o alvo de ter 80% dos membros da igreja envolvidos em grupos pequenos durante a semana até o final de maio do corrente ano, portanto quais seriam algumas ações necessárias para alcançar esse alvo? Algumas sugestões:

1. *Ter uma lista organizada de todas as famílias e pessoas da igreja: até 15 de janeiro.*

2. *Convidar alguns líderes em potencial e treiná-los sobre como poderão liderar um grupo pequeno: até 15 de fevereiro.*

3. *Definir e divulgar para todos os membros as opções disponíveis de grupo pequeno de acordo com as ênfases de cada grupo e locais para os encontros: até 01 de março.*

4. *Ensinar no culto uma série de três mensagens sobre a importância de se participar de um grupo pequeno: até 15 de fevereiro.*

5. *Enviar eletronicamente para cada membro da igreja, uma breve explicação e um formulário onde ele poderá escolher até três opções de grupo pequeno: até 15 de fevereiro.*

6. *Através de contato telefônico ou mensagem, convidar mais uma vez os membros que ainda não se inscreveram para participar de algum grupo pequeno: até 31 de março.*

7. *Início dos grupos na segunda quinzena de março.*

Você percebeu a nossa proposta? Depois que o alvo for estabelecido, é necessário elaborar algumas ações práticas que visam alcançar o alvo. É importante estabelecer um prazo para cada ação.

(4) Análise posterior: aonde chegamos?

No início do planejamento, você e sua equipe fizeram uma avaliação prévia do ministério. Vocês descobriram a condição atual do ministério e estabeleceram alguns alvos, e suas respectivas ações para buscar atender ao propósito do ministério. Agora chegou a hora de fazer uma análise dos resultados para saber aonde chegaram.

Essa análise talvez não seja tão aprofundada e abrangente como a avaliação prévia, mas será necessário identificar se houve algum avanço planejado. A equipe poderia rever os alvos e as ações para perceber o que deu certo e o que deu errado. Quais alvos foram alcançados? Quais não foram? Por quê? Os alvos estabelecidos foram muito ousados ou tímidos? Quais as possíveis razões para esse resultado? O objetivo é identificar se houve algum progresso entre a avaliação prévia e posterior, de acordo com os alvos estabelecidos.

(5) Ajustes: o que devemos manter, melhorar ou mudar para alcançarmos o propósito do ministério?

O resultado da avaliação posterior será útil para fazer os ajustes necessários no planejamento. O propósito do ministério está sendo atendido? O que precisa ser feito para as melhorias necessárias? Quais são os alvos que precisam ser refeitos? Nesta parte do processo, o objetivo é fazer os ajustes necessários no estabelecimento dos alvos e ações para que o propósito do ministério seja atendido.

Ainda é necessário mencionar mais um aspecto importante em todo o processo de planejamento. Ao transformar as estratégias em um planejamento de trabalho, tenha clareza sobre quatro fatores importantes para que as ideias saiam do papel e sejam concretizadas. Ao planejar, responda a quatro perguntas:[75] (1) O que será feito? (2) Quem fará? (3) Quando será feito? (4) Qual o resultado esperado? Essas quatro perguntas são essenciais para que o planejamento de trabalho seja bem elaborado.

---

75 Ronaldo Lidório. Plantio de igrejas.

6. Trabalho em equipe

É importante dizer que será mais vantajoso para o processo de planejamento se a definição e escrita do propósito e dos princípios do ministério, e o estabelecimento dos planos para que esse propósito seja alcançado for realizado por uma equipe. Não precisa ser um grande grupo, talvez de três a sete pessoas. Uma pessoa apenas, por mais competente que seja, não terá a condição de ter toda a perspectiva necessária para um planejamento de boa qualidade.

O livro de Provérbios ensina a importância de se trabalhar em equipe onde é possível encontrar bons conselhos e insights interessantes:

"Os planos fracassam por falta de conselho, mas são bem-sucedidos quando há muitos conselheiros" (15.22).

"Sem diretrizes a nação cai; o que a salva é ter muitos conselheiros" (11.14).

"Os conselhos são importantes para quem quiser fazer planos, e quem sai à guerra precisa de orientação" (20.18).

Ter mais pessoas envolvidas no processo de planejamento poderá trazer mais possibilidades para a realização de um bom trabalho. As perspectivas de cada um poderão contribuir para uma melhor compreensão da realidade e construção dos planos que avançam rumo ao propósito do ministério.

Entretanto, sabemos das dificuldades devido às possíveis divergências entre os membros da equipe. Alguns poderão se assustar com os conflitos de ideias e percepções. O que fazer?

Talvez alguns pensem que é melhor planejar tudo sozinho ou somente entre as pessoas que tenham sempre a mesma opinião. Essa postura deixa de aproveitar o potencial de experiências, know-how, talentos e dons que um grupo pode trazer para o ministério. O caminho será saber como preservar a unidade mesmo em meio à diversidade. O alvo é a busca do consenso. O que isso significa?

Consenso é a conformidade, acordo ou concordância de ideias ou de opiniões.[76] Não significa que todos pensam a mesma coisa, mas após cada um expressar seus pensamentos, todos, em conjunto, chegam a uma decisão como resultado do bom senso do grupo.

Nas palavras de W. G. Ouchi, em seu livro Teoria Z, o consenso é obtido quando num grupo cada um de seus membros consegue dizer:

- Acredito que vocês entendem o meu ponto de vista.

- Acredito que entendo o seu ponto de vista.

- Apoiarei esta decisão porque foi por nós alcançada honesta, franca e imparcialmente.[77]

Cada membro do grupo que está participando do processo de planejamento de um ministério precisa ter o compromisso de que fará o máximo para respeitosamente ouvir as ideias das demais pessoas e expressar suas opiniões, buscando juntos o consenso necessário para preservação da unidade.[78]

Abaixo segue uma sugestão de como poderia ser a dinâmica do grupo ao trabalhar a elaboração do planejamento, a avaliação e o estabelecimento dos alvos e ações de um ministério. O líder age como um facilitador do grupo.[79]

A. Reflexão Individual

- O facilitador solicita às pessoas que respondam as questões individualmente, dando assim oportunidade a todos de refletirem e clarificarem suas ideias.

- Determinar um tempo entre três e cinco minutos para essa tarefa.

76 https://michaelis.uol.com.br/busca?r=0&f=0&t=0&palavra=consenso Acessado em 11 de agosto de 2023.

77 Ouchi, William G. Teoria Z: como as empresas podem enfrentar o desafio japonês. Brasil: Nobel, 1986.

78 Observe Filipenses 1:27-2.11, onde Paulo apresenta orientações pertinentes para que a igreja permaneça unida.

79 Vlademir Hernandes. Apostila sobre liderança cristã. Material não publicado.

- É importante a individualidade do exercício.

- B. Reflexão em grupos pequenos (quando o grupo que está participando é maior do que sete pessoas)

- Formar pequenos grupos com três ou quatro participantes.

- Uma pessoa fica responsável pelo controle do tempo e é guardiã do processo de trabalho.

- Cada pessoa apresenta suas ideias e os demais procuram entendê-las, sem críticas (+) ou (-); essa etapa é de compreensão e não de avaliação.

- C. Reflexão no grupo todo

- Nesta etapa cada pequeno grupo apresenta o resumo das ideias apoiadas.

- Esta fase destina-se ao esclarecimento de todos, porém não é permitido críticas ou julgamento das ideias.

- Uma vez que todos já foram ouvidos e entendidos o facilitador escolhe um processo de votação para identificar as ideias com maior apoio do grupo.

O objetivo é combinar antecipadamente com o grupo uma dinâmica que permita e promova uma participação ativa e respeitosa de todos, de maneira que contribua para o consenso no grupo. Sem dúvida, Provérbios 18.13 é uma orientação muito pertinente para esse processo: *"Responder antes de ouvir é estultícia e vergonha"*.

Conclusão

A Escritura ensina e exemplifica a necessidade de planejamento para os ministérios da obra de Deus. Devemos fazer isso com humildade, reconhecendo a soberania do Senhor. Observe a advertência de Provérbios

27.1 que diz: *"Não se gabe do dia de amanhã, pois você não sabe o que este ou aquele dia poderá trazer".*

Neste capítulo estudamos um processo simples para realizar o planejamento organizacional do ministério. Um determinado ministério precisa definir com clareza seu propósito (a razão da sua existência) e os princípios (orientação para as decisões relacionadas ao ministério). Para alcançar esse propósito se faz necessário estabelecer um plano, o qual foi apresentado nesse capítulo.

Para você refletir

1. *Qual é a sua postura quanto ao planejamento? Você se identifica com isso? Como você avalia a sua habilidade para exercer esse aspecto da liderança? Explique.*

2. *Como harmonizar a necessidade de planejar e a realidade de que somos limitados em nossos recursos e desconhecemos o futuro?*

3. *Quais aspectos do planejamento apresentados neste capítulo estão presentes ou ausentes na sua liderança?*

4. *Após ler este capítulo, o que você gostaria de manter, melhorar ou mudar na maneira como você faz o planejamento do seu ministério?*

5. *Você tem a tendência de planejar sozinho, ou procurar se cercar de pessoas com habilidades que complementam a sua liderança? Qual é o impacto disso para o seu ministério?*

CAPÍTULO 9

LIDERANÇA E RESOLUÇÃO DE CONFLITOS

Francisco Wellington Estrela dos Santos

Conflitos fazem parte do ministério da liderança. Não podemos fingir que isso não aconteça e nem fugir dessa realidade, mesmo que não gostemos de lidar com os conflitos nossos de cada dia. Será bem melhor que o líder não seja um causador de conflitos, porém no trabalho em equipe ou no cuidado pastoral da igreja, naturalmente vão surgir conflitos, e muitas vezes o líder poderá servir como um conselheiro ou gestor da resolução dos conflitos.

Inicialmente, não é necessário ficarmos apavorados quando os conflitos surgem no nosso meio, porque existem aqueles conflitos que não são pecaminosos, mas apenas resultantes das diferenças de perspectiva sobre alguma questão. Alguns conflitos, porém, poderão ser causados por atitudes ou ações pecaminosas, e precisamos encarar isso de frente, com amor e verdade. Como lidar com os conflitos? Qual é o papel do líder frente aos conflitos?

1. Definição e origem dos conflitos

Definir o termo conflito parece ser uma tarefa delicada e não tão simples de ser feita. Porém, no intuito de alcançar o desafio proposto para este estudo, se faz necessário algum tipo de definição que auxilie a compreensão do leitor sobre esse tema tão importante para a igreja.

De acordo com Ken Sande, conflito é uma falta de entendimento entre duas partes que na maioria das vezes desencadeia uma "espiral do caos".[80] Por sua vez, Ernie Baker, aponta para o fato de que a natureza dos conflitos está ligada a assuntos controversos entre partes ou simplesmente como problemas de relacionamentos.[81]

Baker ainda aponta para o fato de que a evolução e natureza dos conflitos quase sempre "queimam lentamente debaixo da superfície durante anos na forma de reclamações, fofocas, calúnias, ressentimentos ou falta de perdão"[82] e que, por vezes, "podem começar com uma pequena fagulha, para depois se tornarem labaredas incandescentes que consomem casamentos, ministérios pastorais, ministérios da igreja e congregações inteiras."[83]

Nós estamos definindo conflito como um fenômeno próprio das relações humanas que ocorre devido às posições ou interesses divergentes, falta de entendimento e de diálogo junto à falta de atitude reparadora. Mas, de onde eles surgem? Um olhar para as Escrituras nos ajudam a entender que a origem dos conflitos está na Queda do ser humano.

Tudo na criação estava perfeitamente bom até que o ser humano decidiu pecar contra Deus. Após a Queda o ser humano não é mais o mesmo. Por causa do pecado nenhuma parte da criação existe hoje da mesma forma que Deus criou originalmente.

Portanto, é preciso olhar para a origem dos conflitos sob os aspectos da Queda. O que queremos estabelecer nesse ponto é que para uma correta compreensão da origem dos conflitos, a Queda precisa ser colocada como pano de fundo e originadora destes. Todo conflito é fruto da desarmonia presente na natureza humana caída.

---

80 Ken Sande, Os conflitos no lar e as escolhas do pacificador: um guia prático para lidar com as crises na família (São Paulo: Nutra, 2011), p.7.

81 Ernie Baker. Ajudando homens a resolver conflitos. p.371-394. In: D. John Street (org.). Homens aconselhando homens: uma abordagem bíblica das principais questões que os homens enfrentam. (São Paulo: NUTR, 2014).

82 Ibid, p.376

83 Ibid, p.376.

Após a Queda, o ser humano passa a viver para os seus próprios desejos e não mais para agradar ao Criador, sua natureza agora pecaminosa, revela as garras do pecado entranhadas no seu coração, alterando drasticamente todo o seu viver.

Antes da Queda tudo era perfeitamente bom, não havia conflitos, caos, desordem, dores, morte ou qualquer outro mal. A partir de Gênesis 3 o ser humano é retirado desse ambiente perfeito e adentra no mais profundo abismo do pecado. A imagem de Deus no ser humano foi pervertida e agora são pecadores, inclinados a toda espécie de mal, naufragando em abismos inconcebíveis de iniquidade.[84]

Os efeitos devastadores da Queda podem ser vistos nos conflitos posteriores, tanto na vida do primeiro casal e seus descendentes diretos, como em toda a humanidade. Os conflitos resultantes dessa natureza humana pecaminosa estão em toda parte, inclusive na igreja, sendo claramente revelados em nosso próprio comportamento, ações e decisões, que por sua vez, podem resultar em grande dor e sofrimento.

Feitas as definições e essa breve introdução sobre a origem dos conflitos, veremos a resolução dos conflitos na igreja local e como o líder (pastor, conselheiro etc.) pode desempenhar um papel importante como instrumento de Deus na intermediação e resolução de conflitos para a glória de Deus.

2. A resolução de conflitos e a igreja local[85]

A Bíblia considera que todos aqueles a quem Cristo resgatou com seu precioso sangue "pela operação do Espírito Santo, reúne consigo, dota-os da verdadeira fé e assim, constitui a Igreja como seu povo".[86] A Confissão de Fé de Westminster (CFW) afirma que a Igreja consiste "do número

---

84 A. A. Hoekema, *Criados à imagem de Deus*.3a ed. (São Paulo: Editora Cultura Cristã, 2018.). p. 130.

85 Foi abordado nesse trabalho apenas o contexto de conflitos na Igreja local. Para um aprofundamento maior do assunto recomendo a seguinte leitura: Ken Sande. O Pacificador – Como solucionar conflitos. (São Paulo: CPAD, 2010).

86 Louis Berkhof, Teologia sistemática. (São Paulo: Cultura Cristã, 2012), p.509.

total dos eleitos que já foram, dos que agora são e dos que serão reunidos em um só corpo, sob Cristo, seu Cabeça"[87].

Os apóstolos usam as palavras *Ekklesia* e *Sunagoge* para definir que a Igreja é composta daqueles "chamados para fora" para "reunirem-se" em torno das Escrituras[88] (Mt. 4.23; At 11.26,13.13; 1Co. 11.18; Rm. 16.23; Cl. 4.15; Ap. 2.9).

É na Igreja que os regenerados são reunidos pelo Espírito Santo para viverem conforme o modelo de Cristo em obediência à sua Palavra. A Igreja é esse ambiente "visível e invisível" onde os remidos são reunidos para santa convivência em Cristo.

Para muitos a Igreja deveria ser um ambiente perfeito, harmônico e sem conflitos. Porém, na prática dos seus relacionamentos não é exatamente assim que as coisas acontecem. Todos aqueles que vivem imersos no corpo de Cristo são capazes de testemunhar que já viveram (ou vivem) algum conflito.

A razão dos conflitos existirem na Igreja são em primeiro lugar, porque a Igreja é composta por seres humanos que vivem uma natureza dual, uma caída e terrena e outra regenerada e espiritual; segundo, porque ela ainda não alcançou em sua plenitude o que já foi declarada pelo seu Senhor para ser (perfeita e santa em sua plenitude).

A questão, portanto, não é se na Igreja existirão conflitos, isso é um fato. A questão é: como resolver os conflitos dentro da Igreja? A Bíblia apresenta princípios que podem nortear as nossas vidas e ajudar líderes a trilhar a difícil caminhada para resolvê-los, vários deles se entrelaçam e se completam à medida que as situações complexas vão surgindo. Abordaremos alguns deles a seguir.

Quando conflitos surgem na vida de cristãos regenerados, eles precisam ser lembrados e conscientizados da sua identidade em Cristo, da graça derramada sobre suas vidas e do processo de santificação progressiva que estão inseridos, entendendo que por pior que sejam os conflitos,

---

87 CFW. XXV.1
88 Berkhof. Teologia sistemática. p.511.

eles podem ser usados por Deus para o fazerem conforme a imagem de Cristo (Rm. 8.29).

Outro princípio que deve ser abordado e jamais esquecido no processo é o perdão, já que "os cristãos são o povo mais perdoado do mundo. Por isso, devemos ser o povo mais perdoador do mundo".[89] Se a prática e a disposição de perdoar estiver presente na vida dos envolvidos, o caminho para a pacificação será mais facilmente estabelecido, as reconciliações serão mais alcançáveis e os conflitos pacificados.

Embora sejamos sempre tentados a manifestar os traços da velha natureza caída quando atacados e envolvidos em conflitos, precisamos humildemente buscar sempre a reconciliação, por mais difícil e distante que possa parecer. Essa reconciliação é possível mediante o agir do Espírito Santo na vida do crente que o faz lembrar do sacrifício de Cristo na cruz, de onde emana toda graça necessária para o perdão e reconciliação, afinal de contas, foi através da cruz que Deus reconciliou consigo mesmo os pecadores.

A Igreja é chamada para promover e manter a comunhão e a pacificação nos relacionamentos entre seus membros e muitas vezes isso passa pela prática do perdão. E, por ser o povo da Palavra, não deveria haver espaço na Igreja para que os crentes sejam guiados por suas próprias normas ou códigos de justiça e ética particular.

É a própria natureza da Igreja que a faz ser o correto instrumento para resoluções dos conflitos que possam surgir entre seus membros. A Igreja permanece viva e vibrante quando pratica a comunhão entre os seus membros, se propondo a ser um instrumento de resolução de conflitos por meio do perdão e da reconciliação.

O caminho bíblico para a resolução de conflitos, também passa necessariamente pelo ensino e exemplo de Cristo: "Visto que o evangelho não é apenas uma mensagem para crer, mas também uma pessoa para seguir, precisamos tratar dos conflitos nos relacionamentos da mesma forma que Cristo tratou".[90]

---

89 Ken Sande. O pacificador: como solucionar conflitos. (Rio de Janeiro: CPAD, 2010), p.217.
90 Baker. Ajudando homens a resolver conflitos. p.389.

Jesus lidou com muitos conflitos, e a forma de conduzir tais situações eram normalmente recheadas de confronto amoroso, compaixão, paciência e misericórdia. Basta olhar para a forma como ele lida com o conflito dos discípulos quando dois deles pedem ousadamente assentos de destaque no seu reino enquanto os outros ficam indignados (Mc. 10.35-44) ou mesmo como ele confronta amorosamente Pedro após esse tê-lo negado três vezes (Jo 21.15-19).

Conforme esses exemplos, Jesus não evitava o confronto amoroso para evitar "outros possíveis conflitos". Evitar o conflito, sem esforço para resolvê-lo, adia uma resposta adequada e agrava o problema. Os conflitos evitados e não resolvidos, acabam crescendo e trazendo efeitos negativos nos relacionamentos dentro do corpo.

É importante também estabelecer um ponto importante no ensino de Jesus: antes de confrontar, devemos nos certificar de que estamos vendo o pecado de forma realmente clara e que estamos prontos a reagir corretamente àquele pecado. Devemos ter plena convicção de que não estamos permitindo que a nossa própria pecaminosidade nos leve a ver como pecado algo que não é pecado.

> "Não julguem, para que vocês não sejam julgados. Pois com o critério com que vocês julgarem vocês serão julgados; e com a medida com que vocês tiverem medido vocês também serão medidos. Por que você vê o cisco no olho do seu irmão, mas não repara na trave que está no seu próprio? Ou como você dirá a seu irmão: "Deixe que eu tire o cisco do seu olho", quando você tem uma trave no seu próprio? Hipócrita! Tire primeiro a trave do seu olho e então você verá claramente para tirar o cisco do olho do seu irmão". (Mateus 7.1-5)[91]

Conforme esse texto, segundo o ensino de Jesus, quando o conflito envolve o pecado de um irmão, há uma maneira apropriada de resolvê-lo: por meio do confronto amoroso com vistas a alcançar o coração e obter a

---

91 A versão utilizada nesse capítulo é a Nova Almeida Atualizada (NAA).

restauração, tanto do relacionamento com Deus, por meio do arrependimento, como a comunhão das partes envolvidas. (Mt. 18.15-20)

A passagem de Mateus 18 apresenta um processo de confronto e disciplina que pode chegar até quatro passos para corrigir ou admoestar um irmão em Cristo na prática do pecado:

(1) O primeiro passo é confrontar sozinho: "Se o seu irmão pecar contra você, vá e repreenda-o em particular. Se ele ouvir, você ganhou o seu irmão" (Mt. 18.15). Se um irmão pecar contra você, procure ir até ela e confrontá-lo em particular. Se ele o ouvir e demonstrar arrependimento o processo encerra: "ganhaste teu irmão". Essa verdade é também estabelecida por Paulo: "Irmãos, se alguém for surpreendido em alguma falta, vocês, que são espirituais, restaurem essa pessoa com espírito de brandura. E que cada um tenha cuidado para que não seja também tentado". (Gl. 6:1).

(2) O segundo passo acontece quando o primeiro não atinge o resultado esperado. Consiste em levar com você uma ou duas pessoas: "Mas, se não ouvir, leve ainda com você uma ou duas pessoas, para que, pelo depoimento de duas ou três testemunhas, toda questão seja decidida" (Mt.18.16). Um dos propósitos desse passo é se antecipar para o passo final que o irmão seja confrontado pela Igreja, além claro, de durante este processo, conduzi-lo ao arrependimento. Se ele ouvir e demonstrar arrependimento o processo se encerra. Apesar de não ser especificado na passagem bíblica, é recomendado que as pessoas a serem envolvidas nesse passo sejam crentes maduros e íntegros.

(3) Quando os dois passos anteriores não atingem o resultado, o terceiro passo exige contar (expor o assunto) à igreja: "E, se ele se recusar a ouvir essas pessoas, exponha o assunto à Igreja" (Mt. 18.17). Não há uma maneira clara e específica de fazer isso, mas deve ser levado em conta o bem de todos os envolvidos. A igreja deve agir com firmeza, amor e misericórdia, tendo sempre em vista o arrependimento do pecador. O objetivo aqui jamais deve ser punição, vingança e humilhação. Se houver arrependimento o pecador deve ser perdoado e acompanhado por pessoas maduras a fim de averiguar os frutos do arrependimento.

(4) O último passo e talvez o mais difícil, mas não menos necessário é: "...e, se ele se recusar a ouvir também a Igreja, considere-o como gentio e publicano" (Mt. 18.17). Ser considerado como publicano, é ser considerado ímpio, ou seja, se a pessoa não se arrepender, deve ser excluída da membresia da Igreja, não pelo fato de ter pecado, mas, por não demonstrar arrependimento, evidenciando assim um coração não regenerado.

3. O líder como conselheiro bíblico e a resolução de conflitos

Resolver e mediar conflitos nem sempre é tarefa fácil. Precisamos recorrer à sabedoria de Deus encontrada nas Escrituras. A sabedoria contida nas Escrituras nos ajuda a lidar com as tensões e conflitos que surgem na Igreja, pois nos oferece os princípios que devemos adotar para resolver conflitos de maneira piedosa alcançando por fim, a glória de Deus. As Escrituras apontam em várias passagens princípios para a resolução de conflitos (Rm. 12.9-21; 1Co. 13.4,5; Gl. 5.13-15; Ef. 4.22-32; Fp. 2.3,4; Cl. 3.5-17; 1Ts. 5.14-16).

O apóstolo Paulo estimulava o ministério da Palavra atuando entre os crentes. Ele ensinava que a Palavra de Deus deveria reinar nas reuniões de adoração da igreja, assim como, o aconselhamento deveria ser uma prática comum e constante na vida daqueles irmãos: "Que a palavra de Cristo habite ricamente em vocês. Instruam e aconselhem-se mutuamente em toda a sabedoria, louvando a Deus com salmos, hinos e cânticos espirituais, com gratidão no coração" (Cl. 3.16).

Aos romanos ele escreve: "E eu mesmo, meus irmãos, estou certo de que vocês estão cheios de bondade, têm todo o conhecimento e são aptos para admoestar uns aos outros" (Rm. 15.14). Paulo destaca qualidades entre aqueles irmãos que os tornavam aptos para o aconselhamento, que ele chama de "admoestar".

O Novo Testamento tem múltiplos ensinos que demonstram como os cristãos deveriam viver e se relacionar uns com os outros. Instrui a amarem uns aos outros (Jo. 13.34; Rm. 12.10), viverem em paz uns com os outros (Rm. 15.5; Hb. 12.14), resolver diferenças (2 Co. 13.11), a serem pacientes, gentis e demonstrarem afeto uns para com os outros (1 Co. 13.4), a considerarem os outros superiores (Fp. 2.3), a carregarem os fardos uns dos outros (Ef. 4.2) e a se alegrarem na verdade (1 Co. 13.6). Quando essas coisas não acontecem os conflitos surgem. Dessa forma, o papel do líder é ensinar esses princípios, dar exemplo de maturidade, confrontar e aconselhar amorosamente e assim, equipar a Igreja com sabedoria de Deus.

Nesse mundo caído, é impossível ser um líder cristão e ao mesmo tempo evitar conflitos, por isso cada vez mais é necessário estar equipado para lidar com esse problema. O apóstolo Paulo apresenta um quadro sombrio no fim dos tempos em que a presença de conflitos está explícita:

> Mas você precisa saber disto: nos últimos dias sobrevirão tempos difíceis. Pois os seres humanos serão egoístas, avarentos, orgulhosos, arrogantes, blasfemadores, desobedientes aos pais, ingratos, ímpios, sem afeição natural, implacáveis, caluniadores, sem domínio de si, cruéis, inimigos do bem, traidores, atrevidos, convencidos, mais amigos dos prazeres do que amigos de Deus, tendo forma de piedade, mas negando o poder dela. Fique longe também destes. (2Tm. 3.1-5)

É dentro desse contexto que os líderes cristãos precisam reconhecer a importância de saber se portarem diante dos conflitos que possivelmente estarão envolvidos, direta ou indiretamente.

Priollo apresenta pelo menos quatro pré-requisitos necessários para a resolução de conflitos: humildade, mansidão, paciência e tolerância amorosa[92] e Baker afirma que duas respostas erradas na solução de conflitos devem ser evitadas: passividade e agressividade.[93]

Além destes, outros aspectos da vida do líder precisam ser evidenciados. A maturidade do líder, por exemplo, deve sempre estar em foco

---

92   Lou Priollo. Resolução de conflitos: uma compreensão bíblica e suas implicações para a dinâmica dos relacionamentos (São Paulo: NUTRA, 2016), p. 27-132.

93   Ernie Baker, Ajudando homens a resolver conflitos. In: D. John Street (org.). Homens aconselhando homens: uma abordagem bíblica das principais questões que os homens enfrentam. (São Paulo: NUTRA, 2014), p. 373-377.

quando o assunto é lidar com conflitos, aliás, essa é uma das qualificações que devem fazer parte de sua vida: "É necessário, pois, que o bispo seja irrepreensível, esposo de uma só mulher, moderado, sensato, modesto, hospitaleiro, apto para ensinar; não dado ao vinho, nem violento, porém cordial, inimigo de conflitos, não avarento" (1Tm. 3.2-3). Apesar desse texto ser direcionado aos presbíteros, o princípio é perfeitamente aplicável a cada crente.

Ernie Baker, afirma que somente o evangelho e a santificação progressiva podem nos ajudar a mudar nossa maneira de responder. Quando crescemos na semelhança com Cristo, a maturidade resultante nos capacita a enfrentar bem os conflitos e evitar respostas extremas[94].

Não importa quanto tempo temos de serviço e ministério ou quão profundamente compreendemos a teologia, todo líder é uma pessoa em processo de santificação e maturidade. Quanto mais maturidade adquirimos ao longo da caminhada mais habilidade teremos para resolvermos conflitos. Líderes maduros são forjados muitas vezes no meio dos conflitos para mediar a paz.

Aliadas a essas qualidades descritas como indispensáveis ao líder, temos uma ferramenta eficaz para resolver os conflitos: o aconselhamento bíblico. O aconselhamento é um instrumento importante pelo qual os membros do Corpo de Cristo devem ministrar uns aos outros.

Podemos definir o aconselhamento bíblico como uma dinâmica prática de comunhão e ensino, em que aqueles que pertencem ao corpo de Cristo, capacitados pelo Espírito Santo e fundamentados na Palavra de Deus corretamente interpretada e aplicada a situações específicas, ministram à vida de irmãos visando cooperar com o plano de Deus onde cada um é transformado progressivamente à imagem de Cristo (Cl. 3.16).[95] O aconselhamento se alicerça na confiança de que Deus falou de modo abrangente sobre o homem e ao homem por meio da Sua Palavra, visto

---

94 Ibid, p. 373.

95 Wellington Estrela. Paz em mim. Encontrando paz e ânimo diante das aflições e sofrimentos. (Eusébio, CE: Editora Peregrino, 2021), p. 71.

que o Senhor nos tem dado todas as coisas necessárias para um viver santo e piedoso (2 Pe. 1.3).

Por meio do aconselhamento bíblico, o líder pode exercer um papel fundamental na resolução de conflitos na Igreja, atuando como intermediador entre as partes, analisando detalhadamente o agente causador do problema, as ações e motivações do coração, e por fim, aplicando as Escrituras para resolvê-los.

Se o conflito pecaminoso é o oposto do comportamento cristão, o antídoto mais eficiente para a resolução destes é, e sempre será, a Palavra de Deus aplicada aos corações. Ela aponta para Cristo e para seu sacrifício perfeito na cruz, onde toda a raiz dos conflitos é dissipada. Ela traz esperança em meio ao caos dos conflitos.

Conclusão

Relações conflituosas se apresentam como um dos grandes desafios para nós, mesmo no ambiente da Igreja. Saber como agir e reagir diante de conflitos requer graça, perdão, humildade e sabedoria. Conflitos minam a saúde da Igreja e rouba a alegria e comunhão daqueles que deveriam viver em paz uns com os outros.

Ao abordar o assunto dos conflitos, torna-se inquestionável a compreensão por parte do líder, de que sua causa maior é a natureza humana caída e, portanto, apenas por meio da cruz de Cristo e da graça concedida aos seres humanos é que os conflitos podem ser administrados, tratados, resolvidos e até serem utilizados como exemplos para a instrução de toda a Igreja (Rm. 5.19).

A Igreja, por ser parte importante em todo o processo de administração e resolução dos conflitos (visto que é nela que os relacionamentos cristãos acontecem), deve aprender a resolvê-los de maneira que Deus seja glorificado. Para tal, é preciso visar sempre a restauração dos envolvidos, ajudá-los a viverem em santificação progressiva e promover um ambiente de confrontação bíblica e amorosa que facilite a unidade do povo de Deus.

A maneira bíblica e agradável a Deus para resolver conflitos é por meio da aplicação da Palavra de Deus aos corações, sendo o aconselhamento bíblico uma ferramenta eficaz para isso. O líder, portanto, deve se apossar e usar essa ferramenta, contribuindo para que mudanças permanentes aconteçam na vida dos cristãos e Deus seja glorificado em tudo.

Para você refletir

1. *Você se define como um líder maduro diante dos conflitos?*

2. *Você tem demonstrado um coração perdoador diante dos conflitos?*

3. *Como você tem reagido aos conflitos? De forma passiva (deixando para lá) ou ativa (buscando maneiras bíblicas e piedosas de resolver)? Qual é a sua tendência?*

4. *A sua igreja local tem resolvido os conflitos de maneira bíblica? Como você tem ajudado nesse processo?*

5. *Priollo apresenta pelo menos quatro pré-requisitos necessários para a resolução de conflitos: humildade, mansidão, paciência e tolerância amorosa. Essas práticas piedosas podem ser vistas na sua vida quando os conflitos surgem?*

CAPÍTULO 10

DESENVOLVIMENTO DE LÍDERES

Richard Everson de Oliveira

Uma das responsabilidades do líder é preparar novos líderes. Porém, é muito provável que você conheça líderes que mesmo próximos da aposentadoria ainda não tenham preparado alguém para assumir o seu lugar. Muitos líderes demoram e dificultam a transição da sua liderança. Quais algumas possíveis razões para isso? Queremos mencionar apenas três razões:

(1) Falsa identidade.

O líder constrói a sua identidade e valor pessoal em torno da função que exerce, e não em sua posição em Cristo. Ele gosta de se achar importante e o cargo de liderança traz essa possibilidade. O líder transforma a sua posição de liderança em um deus, é a sua idolatria, a fonte da sua satisfação na vida. Ele ficaria totalmente perdido só de pensar em perder esse status e tem medo de ser tornar alguém descartável e desprestigiado. É importante prestar atenção à advertência dada por Paul Tripp: "Obter a nossa identidade a partir do ministério não é apenas uma experiência ministerial perigosa e miserável, mas também perturba o tipo de comunidade ministerial de que precisamos e que serve a saúde espiritual dos colegas líderes".[96]

---

96 Tripp, Paul David. *Lead* (p. 161). Crossway. Kindle Edition.

(2) Insegurança pessoal.

O líder inseguro enxerga uma pessoa dotada por Deus com talentos e dons para a liderança como uma séria ameaça, por isso afasta qualquer um que tenha o potencial para sobressair ou substituir a sua liderança. Normalmente esse líder tem fortes tendências para a centralização e autoritarismo, e se cerca de pessoas que dificilmente poderiam destoar a sua liderança.

(3) Falta de prioridade.

Talvez o líder já tenha superado o perigo da idolatria e insegurança pessoal em sua liderança, mas fica tão envolvido com as urgências do ministério que não reserva tempo e energia para investir em novos líderes. É importante que o líder tenha em mente alguém que em médio e longo prazo possa vir a substituí-lo. Além disso, investir em novos líderes é uma oportunidade para abençoar o avanço da obra de Deus.

Como líder, você precisa superar essas tendências destrutivas e contribuir para o desenvolvimento de novos líderes, multiplicando ainda mais o impacto da sua liderança. Brevemente, vamos refletir sobre como Jesus investiu nos Doze, e Paulo em Timóteo.

1. Jesus e os doze

Pela narrativa dos Evangelhos observamos que muitos seguiam a Jesus, por isso podemos imaginar três círculos de relacionamento no qual o círculo maior representa as multidões,[97] o círculo intermediário os "discípulos", e o círculo menor, como núcleo, o grupo dos "Doze" (Mt. 10.1-4; Lc. 6.12-16). O Senhor Jesus pessoalmente escolheu este pequeno grupo denominado "os Doze" (Mt. 26.20) e investiu a maior parte do seu tempo e energia no treinamento deles. Além disso, podemos observar que

---

97 O verbo "seguir" (*akolouthein*) e o particípio com uso adjetivo "aqueles que seguem" (*hoi akolouthountes*) aparecem regularmente nos Evangelhos para identificar as multidões que cercavam Jesus, mas também são usados nos Evangelhos para identificar os "discípulos" como aqueles comprometidos com Jesus. Cf. Richard N. Longenecker, ed., *Patterns of Discipleship in the New Testament*. Grand Rapids, MI: Eerdmans Publishing: 1996, 2.

dentre os doze discípulos, Jesus tinha um relacionamento mais próximo com Pedro, Tiago e João.[98]

O processo de formação deste grupo menor não foi imediato. Os Evangelhos descrevem este processo em diferentes fases. A primeira fase podemos chamar de chamado à conversão (Jo. 1.35-51). A narrativa dos Evangelhos sugere que esses discípulos, embora tenham crido no Senhor, ainda continuavam com suas tarefas rotineiras. A segunda fase é o chamado ao ministério (Lc. 5.3-11). Após o Senhor ensinar a multidão, Ele desafia Pedro a se preparar para ser pescador de homens. Logo após esse episódio, André, Tiago e João também deixam seus negócios e passam a conviver intensamente com o Senhor. A terceira fase acontece quando os discípulos são chamados ao apostolado (Mt. 10.1-4; Lc. 6.12-16). O apostolado começa como uma espécie de estágio. Os discípulos saem em ministério e depois voltam para dar relatório e aprender ainda mais (Lc. 9.10; 10.17). A quarta fase do chamado ocorreu depois da ressurreição do Senhor Jesus. O Senhor aparece aos onze (Judas Iscariotes já não fazia mais parte do grupo, pois havia se suicidado) e dá a eles a grande comissão, ordenando-os que reproduzam o que aprenderam com Ele (Mt. 28.16-20).[99]

O chamado dos Doze tem um importante significado, pois ocorreu depois que o Senhor já tinha completado pelo menos a metade do seu ministério terreno. Depois de exercer o ministério basicamente sem muita companhia, Ele passou a adotar a estratégia de investir neste pequeno grupo de discípulos visando prepará-los de maneira mais efetiva para um grande desafio: espalhar e ensinar o Evangelho até aos confins da terra. Além dos Doze, também algumas mulheres desfrutavam de uma proximidade com Jesus: Maria Madalena, Joana, Susana e muitas outras (Lc.

---

98 Embora não tenhamos certeza porque Jesus tinha um relacionamento mais próximo com Pedro, Tiago e João, sabemos que eles foram os primeiros discípulos a serem chamados por Jesus (Lc. 5.4-11), e foram testemunhas em três ocasiões especiais: a transfiguração de Jesus (Mc. 9.2-3); a ressurreição da filha de Jairo (Lc. 8.49-56); e no tempo de oração no jardim do Getsémani (Mt. 26.36-38).

99 MacArthur, John. *Twelve Ordinary Men: How The Master Shaped his Disciples for Greatness and what He Wants to Do with You*. Nashville, TN: Thomas Nelson, 2002, 3-5.

8.1-3). Observe como Jesus investiu nos discípulos para desenvolvê-los como líderes.

Venham e verão

No início, em seus primeiros contatos com os discípulos, o Senhor disse: "Venham e verão". (Jo. 1.39). A convivência de Jesus com os discípulos foi íntima e intensa e proporcionou uma dinâmica importante para o processo de aprendizado. Eles estiveram com Jesus nas mais variadas circunstâncias da vida, proporcionando muitas oportunidades para ouvir as suas palavras (ensino) e observar o seu procedimento (atitudes e ações).

Como Jesus, você também precisa convidar aqueles em quem está investindo para observá-los de perto: na realidade prática da vida em diferentes ambientes (casa, escritório, ministério etc.). "Venham e verão" é um convite para um tipo de relacionamento fundamental para o desenvolvimento de novos líderes. As máscaras precisam cair, a vida precisa estar aberta. O Senhor Jesus, como Deus-Homem jamais pecou ou podia pecar (Jo. 8.46; 2Co. 5.21; Hb. 4.15; 1Pe. 2.22). Porém, em relação a você, é importante que os seus liderados não o vejam como um super-herói que nunca erra, nunca se cansa, nunca se frustra e nunca se desanima. É preciso mostrar que você é gente de carne e osso como qualquer outra pessoa, e está buscando crescer em Cristo como qualquer outro crente precisa fazer.

Vão e voltem

Jesus também introduziu um outro aspecto em sua dinâmica com os discípulos. Depois de um certo tempo de convivência, Ele os enviou para que tivessem suas próprias experiências ministeriais. Em pelo menos duas ocasiões, os discípulos são enviados em uma missão específica e de curto prazo. Em Mateus 10.5 encontramos a informação do envio dos Doze; e em Lucas 10.1, o envio dos Doze com um grupo maior (setenta ou setenta e dois). Em Lucas temos o registro de que os discípulos voltaram e deram um relatório ministerial a Jesus, proporcionando uma grande oportunidade para ajudar os discípulos a avaliar e aprender com essa experiência (10.17). Em outras ocasiões, o Senhor delegou tarefas práticas aos discípulos, enquanto observava suas reações, como por exemplo o milagre da multiplicação dos pães (Jo. 6.5-15). Podemos nos referir a esta dinâmica como se Jesus dissesse: "Vão, voltem e aprendam".

É importante que você ofereça oportunidades práticas para as pessoas em quem você está investindo. Você delega alguma responsabilidade, observa o desempenho e toma iniciativa para refletir com a pessoa sobre a sua experiência, tendo como objetivo identificar as lições aprendidas e aquelas que ainda precisam ser adquiridas.

Agora vão, eu estarei com vocês

Finalmente, no final dos Evangelhos nós encontramos o Senhor Jesus enviando os discípulos para uma missão permanente. Eles deveriam repetir o processo aprendido com Jesus, enquanto Ele garantia sua presença constante e cuidadosa todos os dias (Mt. 28.18-20).[100] Talvez, por algum tempo, você ainda poderá manter contato com aqueles a quem ajudou a desenvolver proporcionando mentoria, encorajamento e uma abertura para novos aprendizados.

Portanto, podemos resumir a dinâmica do treinamento do Senhor Jesus com os Doze em três movimentos: 1º "Venham e vejam"; 2º "Vão, voltem e aprendam"; 3º "Vão, eu estarei com vocês".

Obviamente ninguém pode fazer exatamente como o Senhor Jesus. Como Deus-Homem, Ele tem prerrogativas que nenhum de nós pode ter, entretanto, refletir sobre a maneira como Ele treinou os discípulos traz luz ao nosso desafio para desenvolver novos líderes.

2. Paulo e Timóteo

Ao ler o livro de Atos e as cartas paulinas constatamos que Paulo sempre procurou estar cercado de pessoas. Em suas cartas, ele cita pelo menos 30 pessoas pelo nome, aos quais foram influenciadas com o seu

---

100   O verbo μαθητευσατε está no imperativo aoristo, o que é uma forma simples de ordem no grego do NT (aoristo: indefinido ou indeterminado). A exortação é clara: "façam discípulos". A tarefa é fazer discípulos de *Cristo* não deles mesmos. Os "seguidores" correm o perigo de serem discípulos de homens e não de Cristo. Os discípulos tinham o padrão do discipulado, eles sabiam as implicações. Os novos discípulos deveriam abraçar a mesma identificação, obediência e compromisso com o Mestre, que não é nada menos que "... se alguém quer vir após mim, negue-se a si mesmo, tome a sua cruz e siga-me". (Mt. 16.24). A extensão da missão é enorme: "todas as nações".

ensino e exemplo.[101] Dentre eles, sem dúvida alguma, Timóteo é o maior destaque (2Co. 1.1; Fp. 1.1, 2.19-22; Cl. 1.1; 1Ts. 1.1; 1 e 2Tm.). Ele era o seu filho na fé,[102] e é possível que este relacionamento tenha durado dezoito anos, até a morte de Paulo por volta do ano 68.[103] O relacionamento entre Paulo e Timóteo ilustra princípios aplicáveis para o processo de desenvolvimento de novos líderes.

1º Convivência

Paulo e Timóteo cultivaram um relacionamento próximo, a ponto de Paulo sentir sua falta e desejar sua presença (At. 17.15; 2Tm. 1.4).

2º Cuidado

Paulo conhecia algumas lutas particulares de Timóteo e procurou ajudá-lo a enfrentar isso: dificuldades na área física (1Tm. 5.23), emocional (2Tm. 1.4), espiritual (2Tm. 1.5-7) e ministerial (1Tm. 4.12). Paulo também o protege, pedindo que ele seja bem recebido e respeitado pelas lideranças e igrejas (Fp. 2.19; 1 Co. 16.10; 1Tm. 4.12). As duas cartas a Timóteo estão repletas de ordens (Paulo tem autoridade apostólica) e conselhos sobre como ele deveria desempenhar o seu ministério. O propósito é deixar muito claro a Timóteo (e às igrejas), aquilo que ele deveria saber (conhecimento), ser (caráter) e fazer (competência). Outro aspecto interessante é a informação de que Paulo sempre orava por Timóteo (2Tm. 1.3).

Parece que Timóteo era tímido e com tendências para recuar diante de pressão ou questionamentos (1Tm. 4.12; 5.19, 21). Várias vezes Paulo procurou confirmar o chamado, a capacitação e a conduta ministerial de Timóteo (1Tm. 1.18; 4.6; 4.14; 6.11-12). Paulo também elogiou a reputação dele, reconhecendo a sua fidelidade à doutrina e ética bíblicas (2Tm. 1.5; 3.10; 4.5).

---

101 Dennis McCallum e Jessica Lowery, *Organic Discipleship: Mentoring Others into Spiritual Maturity and Leadership*. (Houston, TX: Touch Publications, 2006), p.27.

102 Timóteo era filho de mãe judia convertida e pai grego (At. 16.1). É provável que ele tenha se convertido por meio de Paulo, quando este esteve em Listra, pois em quatro ocasiões, Paulo o chama "filho" (1Tm. 1.2, 18; 1 Co. 4.17; 2Tm. 1.2). Timóteo desfrutava de boa reputação e aceitou ser circuncidado para acompanhar Paulo (At. 16.2-3).

103 Carlos Pinto, *Foco & desenvolvimento no Novo Testamento* (São Paulo: Hagnos, 1985), p.429.

O cuidado é uma demonstração valiosa no apoio a alguém que está se desenvolvendo na vida e ministério.

3° Cooperação

Paulo reconheceu Timóteo como seu cooperador (At. 19.22; 20.4; 1 Ts. 1.1; 3.2; Fp. 1.1; 1Co. 16.10; 2Co. 1.1, 19; Rm. 16.21; Cl. 1.1; Fm. 1). Servir lado a lado é uma ótima oportunidade para o aprendizado.

4° Confiança

Em várias ocasiões, Paulo delegou a Timóteo alguma responsabilidade ministerial demonstrando confiança quanto ao seu caráter e competência para o ministério. Por exemplo: em Tessalônica (1Ts. 3.5), Filipos (Fp 2.19), Éfeso (1Tm. 1.3) e Corinto (1Co. 4.17).

5° Crescimento pessoal

Paulo estimulou Timóteo a não viver acomodado, mas progredir (1Tm. 4.15-16). Ele não esperava a perfeição em Timóteo, mas o seu contínuo progresso. Embora alguns pudessem considerar Timóteo um jovem inexperiente, ele ganharia admiração e respeito à medida em que demonstrasse o resultado da sua dedicação à piedade e pregação da verdade.[104] Isso serviria de testemunho para a igreja.

Sem dúvida alguma o relacionamento entre Paulo e Timóteo ilustra ricamente como pode ser o seu relacionamento com as pessoas em quem você está investindo para que se desenvolvam como líderes.

Como aplicar os exemplos do Senhor Jesus e de Paulo no desafio de desenvolver novos líderes? Vamos aproveitar os princípios observados em Jesus e Paulo e trabalhar algumas questões práticas. Sugerimos cinco estágios simples para o desenvolvimento de novos líderes: (1) Avaliar; (2) Apresentar desafios; (3) Acompanhar; (4) Analisar os resultados; (5) Avançar.

---

104 Naquela cultura, alguém com menos de 40 anos era considerado jovem. Kelly sugere que Timóteo não tinha mais que 35 anos. Cf. John N. D. Kelly. *Epístolas Pastorais: introdução e comentário*, trad. Gordon Chown (São Paulo: Vida Nova, 1983), p.105. Bürki sugere que ele teria entre 30 e 40 anos. Cf. Hans Bürki, *1 Timóteo*, trad. Werner Fuchs (Curitiba: Editora Evangélica Esperança, 2007), 60.

3. Processo de desenvolvimento

A. Avaliar

A avaliação já faz parte do processo de seleção das pessoas em quem você investirá tempo e energia, visando desenvolvê-las como líderes. Quais critérios devem ser observados logo no início? Sugerimos selecionar pessoas que apresentem três qualidades:[105]

(1) Ser ensinável: a pessoa reconhece quando não sabe e que precisa aprender? É difícil ajudar alguém a aprender quando ela sempre está dizendo que já sabe;

(2) Ser disponível: a pessoa está pronta para seguir o processo? Se ela dá desculpas de que sempre está ocupada demais para seguir o processo, então ela não está disponível;

(3) Ser fiel: a pessoa está comprometida com o processo e cumpre as orientações? É difícil investir em alguém em quem não se pode confiar.

Portanto, para iniciar o processo de desenvolvimento de novos líderes é necessário algum tempo para observação. Consistentemente, a pessoa em que se pretende investir apresenta essas qualidades básicas acima?

Além de observar essas qualidades, a avaliação inicial tem por objetivo procurar entender onde as pessoas estão: Quais são os aspectos fracos e fortes em seu caráter e competência? Quais são os seus talentos e dons espirituais? Como é o temperamento delas?

Para descobrir essas informações, você poderia utilizar algum recurso de avaliação[106], mas a melhor maneira seria estabelecer algum tipo de relacionamento que possibilite conviver e conversar com a pessoa em potencial.

Outra maneira interessante é seguir o exemplo de Jesus. Ele expôs os discípulos a situações práticas que provocaram medo (tempestade no mar), desconforto (multidão ao redor deles), dúvida (multiplicação dos pães, perguntas) e até entusiasmo (a viagem missionária de curto prazo)

---

105 A primeira vez que ouvi sobre o conjunto dessas três qualidades foi com Howard Hendricks que foi professor do Dallas Theological Seminary por muitos anos.

106 Algumas ferramentas conhecidas para a avaliação de perfil são: DISC, Teste Big Five, Teste de Perfil Star, Grit Scale, Growth Mindset, MBTI Teste.

etc. Situações difíceis e diferentes trazem oportunidades para conhecer as pessoas e ajudá-las a se conhecerem melhor.

B. Apresentar os desafios

O objetivo é tirar as pessoas de sua zona de conforto e criar desequilíbrios que as levem a questionarem a adequação de suas habilidades. Por exemplo, você desafia um líder dizendo: "Agora você será o responsável pelo próximo retiro dos homens". Isso é um desafio, pois ele ainda não fez isso. Esse desafio, além de tirar a pessoa da zona de conforto, possibilita oportunidades para o desenvolvimento pessoal e ministerial.

Jesus fez isso muitas vezes com os discípulos, veja apenas alguns exemplos: "eu os farei pescadores de homens" (Mt. 4.19); "onde vamos comprar comida para toda esta gente? (Jo. 6.5); "Chamando os Doze para junto de si, enviou-os de dois em dois e deu-lhes autoridade sobre os espíritos imundos" (Mc. 6.7); "Vá para onde as águas são mais fundas", e a todos: "Lancem as redes para a pesca" (Lc. 5.4); "vão, e façam discípulos de todas as nações" (Mt. 28.19). Paulo também desafiou Timóteo ao enviá-lo para Tessalônica (1Ts. 3.5), Filipos (Fp. 2.19), Éfeso (1Tm. 1.3) e Corinto (1Co. 4.17). Certamente não foi fácil para Timóteo representar o apóstolo e tratar de várias dificuldades nas igrejas.

As pessoas que você quer ajudar a se desenvolverem não podem simplesmente fazer o que sempre fizeram. Dê a elas alvos que são difíceis de alcançar, diferentes da experiência habitual e conhecida. Você precisa desafiá-las e oferecer oportunidades que proporcionem progresso através de experiências reais de liderança. Uma das coisas chave para isso é envolvê-las naquilo que você está fazendo. Porém, não se esqueça de apoiá-las durante todo o processo, esse é o próximo passo.

Além disso, você pode incluir algum elemento cognitivo no processo, como leitura, participação em alguns cursos e conferências.

Acreditamos que a pessoa que está no processo de desenvolvimento para a liderança precisa focar equilibradamente em três áreas essenciais da sua formação: estudo, a vida pessoal e o ministério. Encontramos esse paradigma na vida de Esdras: 'Pois Esdras tinha decidido dedicar-se a estudar a Lei do Senhor e a praticá-la, e a ensinar os seus decretos e mandamentos aos israelitas. ' (Esdras 7:10). Observe que Esdras se preocupou em estudar, praticar e depois ensinar. Nessa ordem! Esses três aspectos precisar estar equilibrados no processo de desenvolvimento de novos líderes.

C. Acompanhar

Normalmente, todo processo de desenvolvimento é demorado, difícil, e de certa forma, dolorido. Enquanto a pessoa está em ação no ministério, ela certamente enfrentará dificuldades, frustrações, medos, ansiedade, críticas, apenas para mencionar alguns exemplos. Portanto, você precisará acompanhar essa pessoa enquanto ela se desenvolve!

Desenvolvimento implica em mudanças no caráter (atitudes) e conduta (ações), aquisição ou aperfeiçoamento das competências necessárias para o exercício da liderança, enfrentamento de críticas, ajustamento da vida pessoal e familiar, e tantos outros aspectos comuns que fazem parte desse processo. Acompanhar a pessoa em ação é fundamental!

O Senhor Jesus e o apóstolo Paulo demonstraram essa preocupação na vida daqueles em quem eles investiram. Paulo, por exemplo, escreveu cartas para Timóteo e Tito. Aliás, o próprio Senhor Jesus o encorajou ao enfrentar situações difíceis no ministério (At. 18.9-11; 23.11; 27.23).

Como você pode acompanhar a pessoa em quem você está investindo? Certamente, você não pode se comprometer além do que pode. É melhor você ter poucas pessoas em quem está investindo, mas tem tempo e atenção para elas, do que um grupo maior sem o devido cuidado. Você precisará ter condição para observar essas pessoas em ação e ouvir as suas experiências ao conviver e conversar com elas.

Sugerimos que tenha encontros em grupo (caso esteja investindo em três ou mais pessoas) e encontros pessoais. A conversa em grupo, mesmo que os participantes sirvam em ministérios diferentes, poderá enriquecer a experiência de aprendizado.

D. Analisar a experiência

Você apresentou os desafios e acompanhou o líder em ação, agora chegou a hora de analisar como foi a experiência. O que foi alcançado? Quais foram as dificuldades e como elas foram enfrentadas? Onde houve progresso? Onde houve fracasso? O que ainda falta aprender, adquirir ou aperfeiçoar nas áreas do conhecimento, caráter e competência? Você precisará ajudar o líder em desenvolvimento a interpretar suas experiências e aprender com elas.

Observe que sem o devido acompanhamento não será possível fazer uma análise adequada. O objetivo é você ouvir as considerações da pessoa que esteve acompanhando, mas também dar a ela o seu próprio feedback. O líder em desenvolvimento precisa muito das percepções e sabedoria de um líder mais experiente.

Muitos líderes fracassam nesse ponto. Deixam de separar um tempo de qualidade para esse tipo de conversa. O processo de aprendizado eficaz exige ação (o que foi feito?), observação (o que aconteceu como resultado do que foi feito?) e reflexão (como você analisa o que aconteceu?). Toda a experiência vivida é útil para o progresso do líder em desenvolvimento. Deus é o primeiro a estar totalmente ativo na vida dessa pessoa e você é um instrumento Dele para ajudar no processo. Algumas pessoas deixam de extrair lições importantes das experiências que vivem, mas você poderá ajudá-las a não perderem essa oportunidade!

E. Avançar

Chegou a hora de traçar novos alvos e avançar. O líder em desenvolvimento poderá assumir a mesma responsabilidade, porém agora com mais experiência. Ou ainda assumir novos desafios. É possível obter algum avanço, ou seja, experimentar algum desenvolvimento pessoal e ministerial.

Pode ser também que a pessoa não progrediu muito, ou até fracassou. Isso não significa que o processo deve ser abandonado e a pessoa descartada. É importante dar uma nova chance, mas duas questões precisam ser observadas:

(1) Existe a necessidade de arrependimento e confissão de pecado? Observe Provérbios 28.13: *"Quem esconde os seus pecados não prospera, mas quem os confessa e os abandona encontra misericórdia"*. Caso haja algum fracasso moral na vida da pessoa que você está treinando, isso não pode ser ignorado. O que é necessário reconhecer, confessar e abandonar? Lembre-se de que o objetivo não é a punição, mas a restauração. Observe Gálatas 6.1: *"Irmãos, se alguém for surpreendido em algum pecado, vocês, que são espirituais, deverão restaurá-lo com mansidão. Cuide-se, porém, cada um para que também não seja tentado"*. A graça de Deus nos ensina a demonstrar compaixão e dar os passos bíblicos necessários para a plena restauração daquele que fracassou.

(2) Existe a necessidade de se avaliar e ajustar alguma expectativa? Talvez as expectativas de desenvolvimento da pessoa não foram equilibradas. Esperava-se muito dela e a decepção foi ainda maior. Ou talvez tenha superado as expectativas e agora o desafio pessoal e/ou ministerial pode ser ainda maior.

Nem sempre as pessoas em quem estamos investindo vão progredir como esperamos. É necessário paciência e perseverança. Por outro lado, a falta de algum progresso pode indicar que a pessoa não está realmente comprometida com o processo. Você se lembra das três qualidades essenciais para alguém crescer? (ser ensinável, disposto e fiel) Se a pessoa em quem você esteve investindo durante um tempo não apresentou essas qualidades, talvez seja necessário você rever se realmente vale a pena manter essa pessoa no processo. O que não podemos fazer é descartar a pessoa sem antes dar-lhe a chance de refletir sobre o seu aproveitamento e renovar o compromisso para uma nova etapa.

Conclusão

Como líder, você precisa estar em constante desenvolvimento e envolvido no desenvolvimento de outros. Você pode pensar na pessoa que talvez venha a assumir as suas funções, mas também em outros que vão se unir a você, na sua equipe, ou servir em outros ministérios.

Você não pode negligenciar este aspecto do seu ministério. Observe mais uma orientação de Paulo para Timóteo: *"Portanto, você, meu filho, fortifique-se na graça que há em Cristo Jesus. E as palavras que me ouviu dizer na presença de muitas testemunhas, confie-as a homens fiéis que sejam também capazes de ensiná-las a outros"* (2Tm. 2.1-2).

Paulo está pensando na multiplicação de pessoas preparadas para servir a Deus. A ideia é passar adiante a fé e doutrina apostólica. Há quatro estágios envolvidos na multiplicação:

1° Cristo confiou a mensagem a Paulo: Gl. 1.12 (observe que Paulo aprendeu diretamente com Cristo).

2° Paulo confiou a Timóteo ("E as palavras que me ouviu dizer na presença de muitas testemunhas")

Timóteo aprendeu ouvindo o ensino de Paulo (1.13-14; 2.2). Foi ensino público ("muitas testemunhas"). Não era algo secreto e ouviu várias vezes. Também aprendeu observando a vida de Paulo (2Tm. 3.10-13).

3° Timóteo deveria agora "confiar a outros" ("confie-as a homens"). A palavra traduzida aqui para "homens" é *anthropos* (ἄνθρωπος) em grego, e pode ser traduzida como pessoa ou ser humano.

Confiar a quem? Que tipo de pessoa?

"homens (ou pessoas) fiéis": Alguém confiável para preservar a fé apostólica. Não poderia adulterar, acrescentar, diminuir ou comprometer.

"que sejam também capazes de ensiná-las a outros". Alguém competente para passar a fé apostólica a outros.

4° Os que aprenderam com Timóteo deveriam agora transmitir a outros.

Um líder saudável se reproduz em outros líderes, e nesse capítulo apresentamos um processo simples e útil.

Antes, porém de encerrarmos este capítulo ainda temos uma pergunta: você está experimentando um constante desenvolvimento pessoal e ministerial? O que aprendeu no último ano? Se você não cultivar uma atitude de aprendiz, será fácil ficar na mesmice e se acomodar com o nível do seu conhecimento, caráter e competência. Entretanto, todos nós precisamos cultivar uma santa inquietação que nos impulsiona a querer crescer ainda mais. Não para o nosso sucesso, mas porque queremos espelhar ainda mais o caráter piedoso de Cristo e exercer o ministério de maneira mais eficaz. Howard Hendricks estava certo ao constatar que "Se pararmos de aprender hoje, vamos parar de ensinar amanhã."[107]

Para você refletir

1. *No último ano, como avalia o seu próprio desenvolvimento? Pense em aspectos do seu caráter, conhecimento, competência no ministério que desenvolve ou qualquer outra área que gostaria de avaliar?*

2. *Reflita sobre a maneira como Jesus investiu no desenvolvimento dos Doze. O que chama a sua atenção? Por quê?*

3. *Reflita sobre a maneira como Paulo investiu no desenvolvimento de Timóteo. O que chama a sua atenção? Por quê?*

4. *Atualmente, você está ajudando alguém ou um grupo de pessoas a se desenvolver como líder? Se sim, à luz das informações desse capítulo, como avalia o que tem feito? Quais são os aspectos fortes e fracos no seu ministério de desenvolvimento de novos líderes?*

5. *Faça uma lista com os nomes das pessoas que têm o potencial para aperfeiçoar ou ainda aprender a serem líderes, de acordo com a perspectiva de Deus. Elas apresentam as três qualidades essenciais? Como você poderia convidá-las a iniciar um processo de desenvolvimento pessoal e ministerial?*

---

107 Howard Hendricks, *Teaching to Change Lives: Seven Proven Ways to Make Your Teaching Come Alive*. (Colorado Springs, CO: Multnomah, 2011), p.17.

CONSIDERAÇÕES FINAIS

Parabéns! Se você leu este livro até aqui é porque tem interesse em desenvolver a qualidade da sua liderança. Talvez você já seja um líder de algum ministério da igreja ou instituição cristã, ou lidere no mercado de trabalho. Pode ser que você deseje se envolver com a liderança de alguma forma, e aguarda uma oportunidade para isso. Mas qual é a sua motivação para ser um líder?

Infelizmente, muitos ambicionam a liderança movidos por desejos desordenados e em conflito com os motivos de Deus. Porém, o desejo de ser líder não pode ser movido por uma ambição egoísta, procurando tirar algum proveito pessoal através da liderança. Muito pelo contrário, o chamado para o líder cristão é o serviço e o sacrifício em favor do povo de Deus e de seus propósitos!

Todos nós estamos rodeados por exemplos negativos do que significa ser líder. Percebemos isso em todas as esferas e aspectos da nossa sociedade, seja no meio político, empresarial e, infelizmente, até no contexto da igreja. Contudo, aqui e ali encontramos exemplos dignos de uma liderança piedosa, e todos os autores deste livro escreveram com o desejo de que esse seja o seu caso. Este pequeno livro foi escrito para lhe ajudar a compreender ainda mais algumas marcas da liderança piedosa e a se comprometer a persegui-las em toda a sua jornada como líder, na dependência do Senhor.

Portanto, sugiro fortemente que você tenha uma compreensão correta do significado da liderança. Na introdução do livro, você encontrou uma proposta de definição sobre liderança e suas implicações práticas. Essa será a sua definição? Tenha certeza de ter um conceito de liderança segundo a perspectiva de Deus.

Você também leu sobre a importância do relacionamento com Deus como base para a sua liderança. Isso é essencial! A nossa liderança deve fluir a partir de quem somos e não do que fazemos. A comunhão íntima e regular com o Senhor é o que nos fortalece frente aos desafios que envolvem a liderança.

A vida com Deus ajudará você a ficar alerta quanto aos perigos que ameaçam você e a sua liderança. Você precisa ficar muito atento! Os líderes enfrentam algumas tentações típicas, e você não tem o privilégio de estar livre disso. Identificar tais tentações e saber fugir delas são passos importantes para evitar a queda. É preciso muita atenção!

Os seus olhos precisam se voltar para o Senhor Jesus como alvo da sua vida e ministério. Ele é o seu modelo e motivação para se entregar ao ministério exigente da liderança e pagar o preço que for necessário para servi-lo com integridade e dedicação. O Senhor prometeu estar com você todos os dias, à medida em que ajuda outros a também conhecer e servir a ele.

No capítulo quatro você teve a oportunidade de refletir sobre as qualificações necessárias para o líder cristão segundo a perspectiva de Deus. A pessoa não qualificada não poderá liderar o povo de Deus. Em toda a Escritura, observamos que Deus reprova aqueles líderes que não são fiéis a ele e nem ao ministério: são falsos profetas, falsos mestres, falsos pastores, lobos entre as ovelhas. Não podem ser tolerados! Portanto, não é exagero enfatizar a importância das qualificações bíblicas para o exercício da liderança. Observe a sua própria vida. Você está qualificado por Deus? Em quais áreas você precisa melhorar ou mesmo mudar radicalmente? Sabemos que todos nós estamos em processo de santificação, portanto ninguém precisa alegar perfeição. Entretanto, há algumas qualidades de caráter e conduta que não podem ser simplesmente desconsideradas ou desprezadas durante o processo de avaliação e reconhecimento de uma pessoa candidata à liderança entre o povo de Deus. Desfrute do perdão do Senhor, mas ao mesmo tempo, procure desenvolver as qualidades necessárias para o exercício da liderança no povo de Deus.

Depois de considerar alguns aspectos relacionados à pessoa do líder, os autores focaram atenção em algumas funções que o líder precisa desempenhar em sua liderança. Uma delas é o desafio de trabalhar em equipe. Vai mais longe quem vai em grupo, pois no caminho um poderá ajudar o outro. O ideal é o líder ser cercado por uma equipe coesa e de alta qualidade. Isso exige muito esforço, mas os resultados são muito benéficos para o ministério. Você está trabalhando em equipe? Como está a qualidade da sua equipe? Quais conselhos apresentados neste livro com respeito ao trabalho em equipe são úteis para você?

Outro aspecto importante da liderança é a comunicação. O líder precisa se esforçar muito para cultivar uma comunicação eficaz na própria equipe e entre os demais liderados. Muita confusão poderá ser evitada se o líder for muito cuidadoso nessa área. Seja em uma conversa pessoal ou uma apresentação para um grupo, a qualidade do seu ministério dependerá muito da qualidade da sua comunicação. Como vai a sua comunicação verbal e escrita? Os seus liderados têm dificuldades para acompanhar o que você tem tentado comunicar para eles?

Dependendo da sua função como líder, talvez você precise mobilizar voluntários. Você pôde ler sobre a importância do voluntariado e como ajudar os voluntários a servirem com dedicação e ânimo. Relacionado ao trabalho da equipe, a mobilização de voluntários coopera com o objetivo de você não trabalhar sozinho, mas se cercar de pessoas que poderão lhe ajudar a cumprir a visão e os objetivos que o Senhor tem colocado em seu coração. Como você se autoavalia nesse aspecto? Quantas pessoas são mobilizadas com a sua liderança? Como a força do grupo de voluntário e equipe têm contribuído para cumprir os propósitos de Deus através do ministério que você lidera?

Sem dúvida alguma, se você procura trabalhar em equipe e mobilizar voluntários, conflitos serão parte do seu ministério. Não é possível evitar todos os conflitos, embora possa minimizá-los. Quando surgem os conflitos, o que fazer? Você teve a chance de refletir um pouco sobre esse aspecto tão ameaçador para a unidade dos nossos liderados. Problemas de relacionamentos, diferenças não resolvidas, conflitos de ideias e perspectivas, causam tanta frustração e roubam a alegria e a energia do ministério. Qual é a sua tendência ao lidar com um conflito? Passividade ou agressividade? Há algum conflito que você precisa resolver? Conflitos não tratados, mais cedo ou mais tarde poderão destruir o seu ministério.

Um aspecto do trabalho em equipe e com voluntários é o planejamento. Infelizmente, nós brasileiros temos dificuldades para planejar com antecedência, embora saibamos que bons resultados dependem de um bom planejamento. Não é o único elemento, mas é fundamental. Você pôde refletir sobre o equilíbrio necessário entre a soberania de Deus e a nossa responsabilidade para fazer planos bem elaborados e espirituais. Como Deus é soberano, ele pode mudar os nossos planos a qualquer momento. Por outro lado, essa possibilidade não elimina a nossa responsabilidade. Você tem a tendência de ir para qual dos extremos? Não planeja porque não pode ter certeza se os seus planos serão concretizados, ou planeja tudo como se Deus não pudesse mudar o que foi planejado? Quais habilidades você precisa desenvolver para planejar com mais eficiência o seu ministério? Caso essa área não seja forte em você, como tem procurado se cercar de pessoas que podem lhe ajudar especificamente nessa área?

Por fim, tratamos da enorme responsabilidade de se preparar a próxima geração de líderes. Nenhum líder permanece para sempre. Ouvi um "amém"? Líderes saudáveis não se apegam aos seus cargos porque têm medo de perder a sua identidade e importância. Pelo contrário, compreendem a necessidade de se abrir espaço para uma nova geração e investem no crescimento dos novos líderes. Em quem você está investindo atualmente? Não importa o ministério que esteja desenvolvendo hoje, você já tem um potencial sucessor em mente? Você está intencionalmente investindo nessa pessoa?

A oração de todos os autores que participaram desse livro é que esse conteúdo seja útil em sua vida em primeiro lugar, e na vida dos seus liderados que poderão se beneficiar do seu aperfeiçoamento como líder, na dependência do Espírito Santo e para a honra do nosso Deus!

Amém!!

A versão digital deste livro é gratuita e você pode usar ferramentas de busca que são mais eficazes que um índice remissivo.

A PESSOA
NO ESPELHO
Uma antropologia bíblica

EDITORES

Murilo R. Melo | J. Scott Horrell